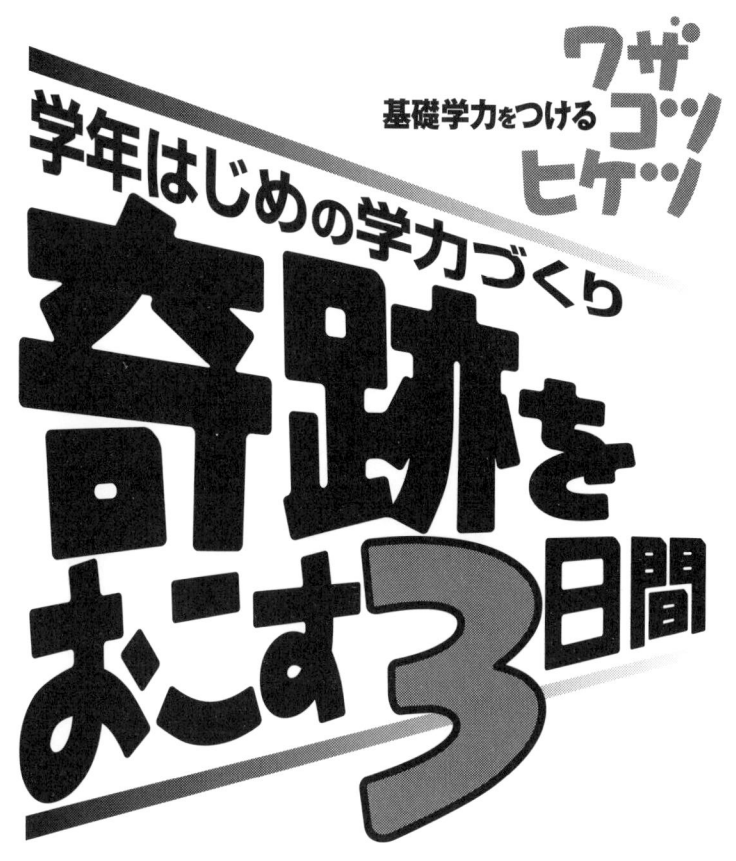

基礎学力をつける ワザ・コツ・ヒケツ

学年はじめの学力づくり

奇跡をおこす3日間

金井　敬之
川岸　雅詩
岸本　ひとみ
図書　啓展　著

学力の基礎をきたえどの子も伸ばす研究会

フォーラム・A

はじめに
本書の特長と使い方

　新学期のスタートをどう切るかに、教師は最も力を注ぎます。それは新学期のスタートが1年を決定すると言っても過言ではないからです。
　新学期の3日間の取り組みを重視するのは、以下のような理由です。

> ・子どもが1年のうちで最もやる気になっているときである。このやる気を最大限引き出す実践が重要だ。
> ・3日間の動きをイメージすることによって、教師自身1年間の見通しがもてる。

　しかし、この3日間は1年で最も多忙な時期でもあります。得てして目の前のことをこなすことだけに流されがちです。
　新学期の3日間は、決して3日間だけを想定したものではありません。1年間の実践を凝縮したものです。たかだか3日ですが、1年間の学力づくり・学級づくりの雌雄を決するといっても過言ではありません。ぜひ本書を参考にして、この黄金のような3日間を実りのあるものにしていっていただきたいと思います。

■ 学力づくりのスタートとして

　新学期のスタートの仕方にはさまざまな方法がありますが、本書の特長は"学力"をどの子も伸ばすことを重視していることです。つまりこの3日間を学力づくりのスタートだととらえているのです。
　私たちが3日間に大切にしていることは次の5点です。

①子ども一人ひとりの基礎学力の実態を把握する
②始業式から学習を始める
③朝の学習を効率的に活用する
④読書活動を始める
⑤連絡帳指導をする

　本書ではそれぞれの学年で上記5点を取り入れた具体的な実践例を展開して

います。そしてこれらの実践を進める際には、

　　①全員参加の授業
　　②ほめながらの指導

を大切にしています。

　たとえば、教師の指示や子どもたちの質問の返事は、必ず全体にします。個別には答えません。個別に対応すると、子どもによって対応が違ったりして、クラスが混乱します。ですから、ひとりの子から質問があったら、「○○さんから質問がありましたが…」とクラスのみんなに話すようにします。

　また、若い教師は出会いから子どもたちになめられたらいけないから、厳しく接するのがいいとアドバイスをする先輩教師がいるそうですが、「厳しさ」とは、決して叱って、子どもたちをこわがらせることではありません。できることをさせて、ほめながら指導をし、できることをふやしていく「厳しさ」です。

■これ1冊が3日間の指針に

　本書は、1年生、2年生、3・4年生、5・6年生の新学年前日から3日目までにすることを、1時間ずつ時間を追って書きました。

　1年生は、新1年生の担任教師の入学式の準備と式の臨み方から解説しました。新入学児も保護者も緊張や不安が大きいときです。担任としてどのようにこの日を進めるかについて、トイレ指導など細かいことも書いています。また、その後2日間に、学力づくりの基礎の基礎となる、姿勢や鉛筆の持ち方指導、ものの整理の指導、集団行動のさせ方などについても書いています。

　2年生からは、学力づくりのスタートの3日間にふさわしい、学級びらきや朝学習のさせ方、学力実態調査のさせ方いかし方、国語・算数・体育（高学年では社会や図工）の授業びらきの仕方、連絡帳指導の仕方などについて項目を設けて解説しています。また、係活動や各種当番の決め方指導についても書いています。

　本書は、教師経験の多少にかかわらずすぐに実践できるよう、編集上いくつかの工夫をしました。

- 3日間の時間割と、その時間内の取組みにかける時間の目安をあげました。

- ページ右端にその時間のもっとも重要なポイントを抜き書きしました。
- 写真やイラストをふんだんに使い、イメージしやすいようにしました。
- 授業に必要な各種プリントや型紙などコピーできるように掲載しました。
- 計算・漢字実態調査や朝の学習プリントは巻末に掲載し、解答もしめしました。

　さらに、3日間を過ごした後に生じる、指導上のいろいろな問題や教師の悩みに答える困りごと解決「Q&A」も後ろに掲載しています。「うまくいかないなあ」と思ったら開いてみてください。

　「奇跡」とは、ありふれた日常の地道な積み重ねから生まれると私たちは考えています。3日間の確実で地道な実践によって、子どもたちは1年後、自信に満ちて進級、進学していくにちがいありません。

　この本を読まれて、素晴らしい新学期のスタートを切ってくだされば、これ以上の喜びはありません。

2009年1月

執筆者を代表して　金井　敬之

目次＊奇跡をおこす３日間─学年はじめの学力づくり

はじめに　本書の特長と使い方　　2

１年生 ……………………………………………………………… 7
　　入学式　受付　　8
　　　　　　式に臨む　　10
　　　　　　教室での活動　　12
　　２日目の１時間目　学校生活の基本中の基本を教える①　　18
　　　　　　２時間目　学校生活の基本中の基本を教える②　　20
　　　　　　３時間目　はじめての学習と下校準備　　22
　　３日目の１時間目　運筆と鉛筆の持ち方指導　　24
　　　　　　２時間目　プレ体育　着替えと整列の練習　　28
　　　　　　３時間目　運動場めぐりと給食準備　　30
　　　　　　４時間目　給食指導　　32

２年生 ……………………………………………………………… 33
　　０日目　準備　子どもの居場所づくり　　34
　　１日目　始業式　学級開き　印象深く　　36
　　２日目の朝学習　　42
　　　　　　１時間目　国語　教科書を使って　　44
　　　　　　２時間目　算数　まるつけ技能と実態調査　　46
　　　　　　３時間目　学級活動　日直・当番・係を決める　　48
　　　　　　４時間目　学級活動　給食当番の決め方と給食指導　　49
　　３日目　１時間目　国語　漢字実態調査　　52
　　　　　　２時間目　学級活動　自己紹介カードを書く　　54
　　　　　　３時間目　体育　整列練習とゲーム　　56
　　　　　　４時間目　図書の時間　　58

３・４年生 ………………………………………………………… 61
　　０日目　準備　新鮮なスタートを演出　　62
　　１日目　始業式　学級開き　出会いで姿勢を示す　　64
　　２日目の１・２時間目　１年生を迎える会と学級活動　　71

3時間目　　国語　漢字指導　　76
　　　　4時間目　　算数（と給食指導）100マス計算　　80
　　　　5時間目　　学級活動　係のポスターづくり　　83
　　3日目の1時間目　計算・漢字実態調査　　84
　　　　2時間目　　学級活動　自己紹介　　85
　　　　3時間目　　国語　ノート指導と音読　　86
　　　　4時間目　　図書の時間　　87
　　　　5時間目　　算数　授業の組み立て　　88

5・6年生　……………………………………………………………91
　　0日目　準備　明日の行動計画をたてる　　92
　　1日目　始業式　学級開き　学習スタートの日　　94
　　2日目の1時間目　学級活動　係・日直の仕事を決める　　100
　　　　2時間目　　算数　授業の組み立て　　102
　　　　3時間目　　国語　授業の組み立て　　104
　　　　4時間目　　学級活動　給食当番を決める　　106
　　　　5時間目　　学級活動　掃除と連絡帳指導　　108
　　3日目の1時間目　計算・漢字実態調査　　110
　　　　2時間目　　社会　五円玉を使って（5年）・紙テープを使って（6年）　　112
　　　　3時間目　　図書の時間　　114
　　　　4時間目　　体育　マット運動　　116
　　　　5時間目　　図画工作　浮世絵模写　　118
　　　　6時間目　　学級活動　言葉の授業　　120

学年はじめから1か月…困りごと解決!! Q＆A　……………………………123
計算・漢字実態調査問題　………………………………………………………131
朝の学習プリント（各学年算数2枚、国語1枚）……………………………143

◆**おもな資料・フォーマット**　（　）内はページ数
　　各学年学級通信第1号(17・59・63・99)、うんぴつれんしゅうプリント2枚(25・27)　自己紹介カード(55)、けいさん1年のおさらい(60)、音読カード(79)、読書記録5000ページの旅(90)、都道府県名の暗唱カード(122)、係活動紹介カード(表紙表4)、はじめてのなまえ（縦書き＆横書き）台紙(カバー裏)

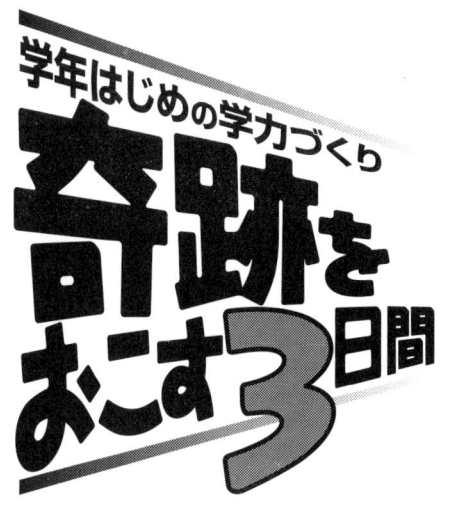

学年はじめの学力づくり
奇跡をおこす3日間 1年生

時間＼日	1日目	2日目	3日目
1	入学式	学校生活の基本中の基本を教える①	運筆と鉛筆の持ち方指導
2	受付 式に臨む 教室での活動	学校生活の基本中の基本を教える②	**プレ体育** 着替えと整列の練習
3		はじめての学習と下校準備	運動場めぐりと給食準備
4			給食指導

● 入学式

受付
9：30～ 新入生受付開始
　　　　として

◆名前がまちがっていたときにすぐに取り替えられるよう名札は予備を。ペンも必ず準備！

(1) 受付開始までにしておくこと

❶ 明るい色の服で

　子どもたちにとっても、はじめて子どもの入学式を迎える保護者にとっても、担任の先生の様子は気になるものです。春らしい明るい色の服装で新入生を迎えましょう。

　とくに男性の場合は、幼稚園や保育園で男性の保育士さんに出会ったことのない子どもの方が多いので、（リクルート用の）黒のスーツでは「こわい」と思われてしまいます。グレーやネイビー、グリーンなど、この際、新調するのもいいかもしれません。

❷ 各種名簿の最終チェック

　前日の準備までに正確に名前を書いたつもりでも、誤字脱字があるかもしれません。最低限机とロッカー（ランドセルボックス）、靴箱の名前はもう一度当日の朝に確認します。1日目から名前がちがっていたのでは、悲しい思いをさせてしまいます。

　できれば、となりのクラスの担任や専科の教師といっしょに確認するといいでしょう。

❸ 配布物の確認

　子どもたちの机の上には、たくさんの配布物があります。教科書、各種お便り、お祝い品などです。ひととおりそろっているか確認しておきます。予備のものが手元にあるかどうかの確認も忘れないようにしましょう。

※教室掲示や新入学グッズの準備は、担任ではなく他学年の教師でするという学校もあります。

(2) 受付から教室へ

❶ 補助の児童（職員）への指示

　学校によっては、新入生の受付を6年生の児童が手伝う場合があります。このとき、子どもたちには、「最高学年らしく迎えてほしい」と指示しておきます。

◆配布物は、名前が隠れないように置く。

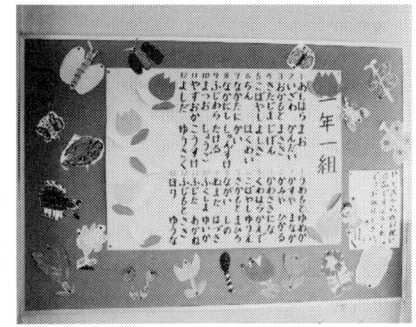

◆ろうかには新入生の名前がクラスごとに貼り出されている。ここでも名前のまちがいが見つかったらすばやく訂正。新２年生がまわりの絵を描いた。

◆６年生に誘導されてトイレへ。

　そして、受付から教室への誘導、ランドセルを自分のボックスに入れる、席に座らせる、など、新入生の誘導の手順を具体的に示しておきます。

　とくに、突然「先生〜、トイレ…」という場合などは、あらかじめ高学年の子どもに連れて行ってもらうよう、できれば誰がトイレの付き添いをするかを決めておくと、スムーズにトイレ誘導ができます。担任がその子にかかりきりになったり、担任がいない間に、教室から出てしまった１年生が迷子になることもありません。

❷ 笑顔で一人ひとりの名前を呼ぶ

　受付から教室に入るときには、一人ひとり名前を呼びます。「□□△△さん」とフルネームで名前を呼んでから、座席に案内してもらうようにします。

　ここで名前を呼ぶのは三つの意味があります。

　一つには教育委員会から送られてくる就学児名簿のふりがながちがっている場合があるので、ここで最終確認をします。そして事前に予備の名札を用意しておいて、ちがっていた場合はすぐ直せるようにしておきましょう。

　緊張していたり、お家の人と離れることを不安がっていたりする子どももいます。名前を呼ばれると、自分の居場所があることを確認でき、ほっとした顔を見せてくれます。これが二つめの意味です。

　また、後で保護者の前で一人ひとり名前を呼ぶときの返事の練習にもなります。

☞ 配付物や名札は予備を必ず準備しておきましょう

１年生　入学式

● 入学式

式に臨む

(1) 式場に移動する

式の開始30分前ぐらいから、準備を始めます。

◆ロッカー上の掲示では、在校生が描いた月ごとの行事の絵がズラ〜リ。

❶ 全員トイレに行くように指示

「トイレに行きたい人は、今から先生と行きますよ」

こう言うと、先生といっしょという安心感から、ぞろぞろと子どもたちがついて来ます。1年生は「トイレに行ってきましょう」と指示するだけでは、自分に言われているとは感じないのです。教師が先頭で、みんながトイレに行きはじめるのを見てやっと自分もと思うのです。

❷ あいさつの練習をする

入学式では、来賓から「おめでとう」と言葉をかけられることも多いです。あらかじめ答え方を学年で相談しておきます。「ありがとうございます」とか「ありがとう」と答えられれば十分です。

「1年生の人立ちましょう」で立つのか、「起立」で立つのかも打ち合わせをしておきます。式の中で起立したり着席したりすることも考えられるからです。あいさつと起立・着席の練習をしておくと、不安材料が少なくなります。

❸ 2人組を作って会場へ行く

教室から式場に移動するときに2人組を作ります。氏名順や座席のとなりどうしペアというのが一番動きやすいです。

「お隣さんと手をつないで。手の鍵をガチャリ！とします」「いいですか？せーのガチャリ！」と声をかけると、いっしょになって「ガチャリ！！」とやっ

◆移動するときは隣同士、手をつながせる。

◆祝電もこうして掲示して紹介。
　子どもたちの成長は地域に見守られてこそ。

★入学式とトイレ☆

　初めての場所、知らない人たち、新入生さんの緊張はピークに達しています。トイレが近くなったり、緊張のあまりトイレに行きそびれたり。

　おまけに、1年生にとって学校のトイレは、あまりきれいではなく、暗く、少々臭いもするので敬遠しがち。だいたい30分に一度ぐらい声をかけ、その都度トイレに行かせるようにします。

てくれます。「手の鍵は先生がいいですよ、と言うまでははずしませんよ」と言っておくこともお忘れなく。

　だいたい10人ずつ5組ずつぐらいを、1号車さん、2号車さん…としておくと、その後も動きがとりやすいです。6年生が補助についてくれるのなら、1号に一人ずつついてくれるように指示しておくとよいでしょう。

(2) 式場で気をつけること

❶ 担任紹介は笑顔で、はっきりと

　式辞の中で、または式が終わってから、会場で新入生全員の保護者に担任紹介があります。この一瞬が1年間を左右することもあります。

　「〇組を担任させていただきます、△△です。どうぞよろしくお願いいたします」程度の短いものですが、明るく、ゆっくり、はっきりとした口調でします。

　ベテラン教師も、実は前日から鏡の前で笑顔とあいさつの練習をしています。「明るくて、元気な先生」「笑顔がステキ」と感じてもらえたら、大成功です。

「はらぺこあおむし」や「アボカド赤ちゃん」がおすすめ

❷ 写真撮影の待ち時間の過ごし方

　入学式場で学級ごとに記念撮影をしますが、クラス数が多いと待ち時間が長くなってしまいます。

　待っている間に紙芝居を用意しておいて、退屈させないようにしましょう。長い式の間に難しい大人の話が続いて、少し退屈している子どもたちですから、ちょっとユーモラスな話だと喜んで聞いてくれます。

　トイレに行かせるときは、受付時と同様に6年生に補助してもらうとか、専科の先生に頼んで、一人で行かせることがないようにします。まだ担任の名前も顔もよくわかっていない子どもたちです。写真撮影時にいなくてあわてるということも少なくありません。

トイレ・タイムは頻繁に、迷子にさせないように介助つきで

● 入学式

教室での活動

(1) 教室へもどる

❶ 静かに集中させるには

　幼稚園や保育園で、おしゃべりをやめて話を聞かせる方法としてよく使われるのが、「手は○○」とうのがあります。

　「トントン（手拍子で）、手は頭。トントン、手はおひざ。トントン、手はおへそ。…トントン、手はお口」

　最初は全員がついてこなくても、3回目あたりから、みんながまねをするようになります。

　「はい、みんな手はお口ですね。お口からその手をはなしても、おしゃべりせずにお話が聞けますか」

　最後をこう締めると、「は～い」とはりきって返事してくれるはずです。

　これには、保護者にも静かにしてもらうという効果もあります。子どもたちが楽しげにトントンとやりはじめ手拍子がそろってくると、保護者もそれにつられ

◆なごやかな中で静寂を

★担任自己紹介例　（児童向け）

　1年○組の先生、「岸本ひとみ先生」です。きしもと先生と呼んでくださいね。一度呼んでみましょう。さん、はい。（きしもとせんせい！）

　そうです。明日から、みんなはひとりで学校に来ます。困ったことがあったら、いつでも大きな声で「きしもとせんせ～い！」と呼んでくださいね。先生はスーパーマンだから、どこへでも飛んでいきますよ。

　さて、先生と約束してほしいことが二つあります。

　一つは、明日の朝お家の人に「行ってきます」を必ず言うこと。

　もう一つは、学校に着いたらお友だちや先生、大きいお兄ちゃんお姉ちゃん、誰でもいいから、「おはよう」を5人よりたくさん言うことです。できますか？（そんなん簡単や～。）

　じゃ、約束しましょう。ゆびきりげんまん！

ておしゃべりをやめて、担任の方に集中してもらうことができます。

❷ 名前を呼んで「はい」

全員の名前をフルネームで呼びます。

「先生が名前を呼びます。元気に返事して右手を挙げてくださいね」

返事と挙手の両方を指示するのは、緊張して声が出せない子どももいるからです。そういう場合は、手だけ挙げてくれればわかります。「元気な返事ですね」「かわいい声ですね」「真っ直ぐ手が挙がりましたね」など、ほめる言葉を必ず一言添えます。

❸ 担任の子どもへの自己紹介

担任として大事にしていきたいことを子どもたちにわかりやすく伝えます。

左ページ下の自己紹介例は、困ったときには先生を頼っていいんだ、ということと、あいさつを大事にする、というメッセージをこめたものです。

(2) 保護者へのあいさつ

❶ 配布物を確認する

入学式当日は、個人指導資料、保健調査…など、多くの書類が配布されます。すべてを一つひとつ確認していったのでは時間が足りなくなりますから、「配布物一覧表を見て有無を確かめていただき、足りないものについては、明日連絡ください」程度にとどめておきましょう（下資料参照）。

入学のてびき

加古郡稲美町立〇〇小学校　2008.4.11

1．配布物について（すべて揃っているか調べてください。）

＊入学のてびき（2枚）
＊学年だより「のびっ子」（2枚）
＊調査用紙…保健調査・心臓アンケート及び記入例・耳鼻科検診調査表・児童生徒に対する問診票（詳しくご記入ください。）
＊学級役員選出名簿・封筒（各1枚）
＊お便り…　給食献立表・給食だより・保健だより・共済制度の加入についてのお知らせ2枚・くすのき（学校だより）・学習予定表・警報発令時の児童の安全確保について
＊教科書…　国語・算数・生活・図工・書写・音楽（無償配布）
＊ノート…　国語・算数・自由帳・連絡帳（PTAより寄贈）
＊名札…　左胸のポケットの上につけてください。1学期は友達の名前がよく分かるように、ひらがなの名札を使います。漢字の名札は、9月にお渡しします。
＊ワッペン…左胸のポケットの上につけてください。1年間保険がついています。裏に地区名、登校班名を書いてください。後日、集団下校用のシールを貼ります。
＊ランドセルカバー…交通安全のためにも、できるだけ1年間使用してください。
☆かさ（〇〇クラブより寄贈）…お持ち帰りになって、持ち手のところに針で名前を書き、後日学校に持たせてください。置き傘として使用します。使用した場合は、乾き次第、学校に持たせてください。
☆手さげ袋（△△洋品店より寄贈）
☆その他…　下じき2枚（牛乳協会・トラック協会より）・ひょうごっ子ココロンカード・のびのびパスポート・町相談室より・子どもの読書活動について・子どもの体力向上について・いってきま〜す・PTA「小・中学校総合保障制度」のご案内・げんきあっぷかれんだー

教室の雰囲気をコントロールしよう

> ### ★担任自己紹介例 （保護者向け）
>
> このたび縁あって、○組の担任をさせていただく岸本ひとみです。どうぞよろしくお願いします。今日お子さん方のきらきらした瞳を見て、どんな1年間になるのかわくわくしてきました。
>
> 小学校生活のスタートとなる1年間です。お家の方といっしょにお子様の健やかな成長の手助けをしたいと考えています。お困りのこと、わからないことがありましたら、いつでもお知らせください。
>
> 学校は何よりも、勉強するところです。楽しんで、かしこくなっていってもらいたいと
>
>
>
> 心から願っています。そのためには、まず、毎日登校できることが大事です。明日「行ってきます」が元気で言えるよう、手助けをお願いします。

❷ 自信をもってあいさつを

子どもたちのおしゃべりを止めてから、保護者と向き合うことがポイントです。騒然とした中ではどんなに立派なことを話しても理解してもらうことはできません。

「今からお家の人に少しお話をします。お口をとじたまま待っていられますか？」とたずねると、たいてい「は～い」という返事が返ってきます。「まあ、かしこいねえ。じゃ、少し待っててね」。

保護者向けにも自己紹介をして、1年間の決意などを入れた明るい、前向きなあいさつをします。

❸ あいさつで次のことはNGです

「はじめて1年生を担任します。何もわからないので…」

これでは保護者は不安に思います。はじめての1年生担任ということをあえて言うのであれば、「はじめてですが、小さい子どもが大好きです」とか「はじめてですが、がんばります」というような言い方がいいでしょう。保護者に不安を感じさせることは禁物です。

声が小さくて、後ろの保護者に聞こえない。

これも、なんだかぼそぼそとしゃべる先生という印象を与えてしまいます。子どもたちを静かにさせて、教室の真ん中辺りまで出て話すといいですね。

❹ 学級経営の方針を入れた学級通信

入学式に時間がかかって、学級経営方針などを保護者に話す時間が確保できない場合もあります。

緊張してしまって、話すのを忘れてしまうこともあります。前もって通信を作成しておきましょう（17ページ参照）。

◆入学式の日だけは下校準備を保護者にお願いする。

ただの人見知りではなく、「母子未分離」の場合も増えている。母子通学など特別な支援が必要なこともある。

(4) 下校の準備

❶ 「宿題は毎日」のメッセージ

保護者への話が終わったら、「みんな静かに待てましたね。さすがに、今日から1年生、すごいですね」とほめます。

そのあとで「さて、今日の宿題です」なかには「え〜っ」というおませな子もいるでしょう。しかし、この1日目が大事です。保護者にも、宿題は毎日出るものと感じてもらわなければなりません。

「さっき約束したことを覚えていますか。『行ってきます』と『おはよう』のことです」「なんや〜、かんたんやん」保護者の顔もホッ。「今日の宿題はその二つです。がんばりましょうね」と続けます。

❷ 保護者に帰る用意をお願いする

入学式の日は配布物も多いので、保護者といっしょに下校します。この日だけは帰る用意を保護者にしてもらうことにします。

「今日だけスペシャルです。お家の人へのお手紙がたくさんあるので、帰る用意はお家の人にしてもらいましょう。明日からは自分でするんですよ」と言って、保護者にとなりに来てもらいます。

このときの親子のやりとりの様子も、今後子ども理解につながり、指導に役立つこともあります。

❸ 一人ずつ握手して別れる

だいたいの用意ができたら「では帰りのあいさつをします。さようなら」と大きな声で言いますます。

それから、子どもたち一人ひとりと握手して、送りだします。

「○○さん、さようなら。また明日ね」「さようなら」とあいさつをします。

ぎゅっと握り返してくる子、恥ずかしそうにうつむく子、お母さんに促されておずおずと手を出す子、いろいろな反応があります。ここでの子どもの反応がその子の理解につながります。とくに気がついたことは、子どもノート（次ページ）に記録に残しておきます。

握手は心と心をつなぐもの。温かな気持ちになって入学式の日を終えることができます。

保護者には学級経営の方針を自信をもって伝える

❹ 個別の相談への対応はメモを取る

これでほっとしてはいけないのが、1年生担任です。個別の相談や頼みごとのある保護者は、ほかの子どもたちが帰るころから、担任に話しかけてこられます。

重要なことは、このとき必ずメモを取っておくことです。

● よくある相談
- おしっこが近い。
- 給食で苦手なものがある。
- 体にあざがあるので着替えのとき配慮してほしい。
- 鉛筆の固さは何がいいのか。
- 雑巾は買ったものでもいいのか。

なかにはささいなこともありますが、はじめてのお子さんが入学した保護者には、不安がいっぱいなのです。わかることは一つひとつていねいに答えていきます。わからないことについては、後日返事をします。

その際に忘れてならないのが、相談を受けた保護者の名前と子どもの名前、簡単な内容を記録しておくことです。食物アレルギーへの対応など緊急を要するものもあります。

親子で不安と緊張の毎日を過ごして、1年間でようやく小学生とその保護者になっていくのだと考えましょう。

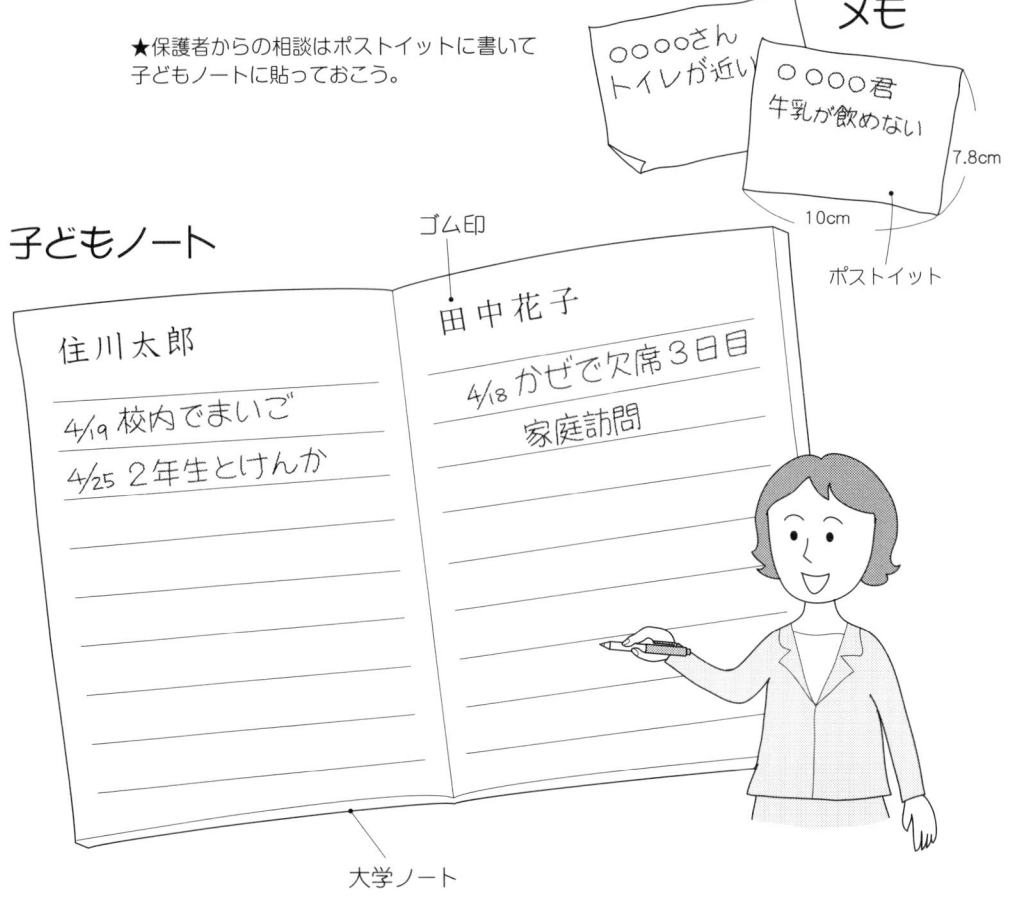

★保護者からの相談はポストイットに書いて子どもノートに貼っておこう。

岸本ひとみ mail:kira_h58@ybb.ne.jp

教室と家庭をつなぐ学級通信
〇〇小学校1年2組
ひまわり
2007.4.11(水) NO.1

ご入学おめでとうございます

お子様のご入学おめでとうございます。このたび縁あってこのクラスを担任することになりました、岸本ひとみです。どうぞよろしくお願いいたします。

一年生の教室を飾りつけしていて、机の低さを、しみじみ思いました。「小さい机・・・。」小学校に来るのは初めてなんだ。」と。当たり前のことなんですが、長くこの仕事をしていると、ついついまっさらの気持ちを忘れてしまいがちです。

私にとっては、五度目の一年生担任です。子どもたちの初々しさを大切に、お家の方の願いにこたえられるようがんばりたいと思います。

一年生を担任する時の私の座右の銘です。
『わが子が一年生の時の気持ちを忘れず、親ごさんの願いを大切に。』

ご不明な点、不安なこと、たくさんおありと思います。いつでもご連絡下さいませ。メールでしたら、24時間営業でお待ちしております。

★1年2組のなかま★
いざわ　けんじくん
おおたぐろ　りゅうくん
おおにし　あつきくん
かわばた　けいごくん
とみた　じゅんやくん
ふじた　ゆうせいくん
まつだ　たいせいくん
ふじもと　こうがくん
みずいけ　こうたくん
むらた　やくもくん
よこやま　だいきくん
あしはら　ゆうなさん
いしこ　ひびきさん
いわもと　りなさん
おおにし　かなさん
おりはし　もとみさん
かさはら　りささん
かずうま　みゆうさん
きぬがさ　ゆづきさん
ちん　いほさん
ふじた　ゆかさん
ふじもと　さきさん
まつもと　るみさん
やまぐち　まいさん
やすふく　かやさん
わしの　まなさん

2日目の1時間

★時間配分の目安★　10分 返事／　20分 収納／　15分 連絡帳

学校生活の基本中の基本を教える①
教科書や筆箱の置き方から連絡帳の出し方まで

(1) 朝の打ち合わせまでに

❶ ランドセル収納を優先する

　教師は、子どもたちの登校前に教室に入り、登校してきた子どもたち一人ひとり「おはよう」と声をかけましょう。ほかの学年とちがい、なにもかもはじめての子どもたちです。担任の先生がいることで、安心して教室に入ることができます。

　「ランドセルはそのままロッカーに入れましょう。中身のしまい方は後で勉強します」と指示します。

　まず、ランドセルをロッカーにきちんと入れさせます。子どもたちは口々に「先生〜、筆箱はどこに置くの？」「本は？」などと言ってきます。このとき一人ひとりに答えていると、混乱してしまいます。登校の時間帯もバラバラですから、指示も徹底しません。そこで、ランドセルとくつを所定の位置に入れられれば、それでOKにします。

(2) 1時間目

❶ 返事の練習

　1年生の間は、毎日健康観察として名前を呼んで返事をさせるのもいいですね。「あさだげんきさん、元気ですか？」「はい」の声とその時の表情で、その日の調子がわかります。気になることがあれば、対応することもできます。おとなしい子どもとのコミュニケーションもとれます。

❷ 置き場所をたしかめる

　次に、教科書、ノート、筆記用具などを位置を決めながら机の中に入れさせすせます。

　これも、定着するまでは毎日毎時間繰り返すことが大切です。

★ **子どもたちの表情
こんなところに気をつけよう** ★

＊目が赤い
　寝不足かも？　緊張して眠れないのかな…。

＊顔が青い
　便秘かも？　生活リズムの変化に体が対応できていないのかな…

＊なんだかハイテンション
　少々興奮状態。過って物をこわし、そのときに怪我をする可能性あり、要観察。

❸ 連絡帳を出させる

保護者とのコミュニケーションに連絡帳の毎日の点検は重要です。朝、登校したら必ず出すように指導していきます。「今日はお腹の調子が悪いので、牛乳はパスさせてください」と書いてあるのに、下校直前になって発見したのではなんの役にもたちません。

こんな失敗もあります。「今日は学童保育に行かずに、家へ帰らせてください」と連絡帳に書いてあったのに、学童へ行ってしまって「帰って来ていません」と大騒ぎになってしまいました。

連絡帳の集め方は次のようにします。

「はい、1号車さんの人、連絡帳を出しましょう。男の子はこちら、女の子はこちらね」「次は2号車さんです」「最後は3号車さんですよ」というように、1チーム10人ずつ（最初は男女別氏名順）順番に所定のところに重ねて出すように指導しておくと、誰が出していないのか一目瞭然です。

これが提出の基本型になっていきます。このときも1号車さん、2号車さんが役にたちます（10ページ参照）。

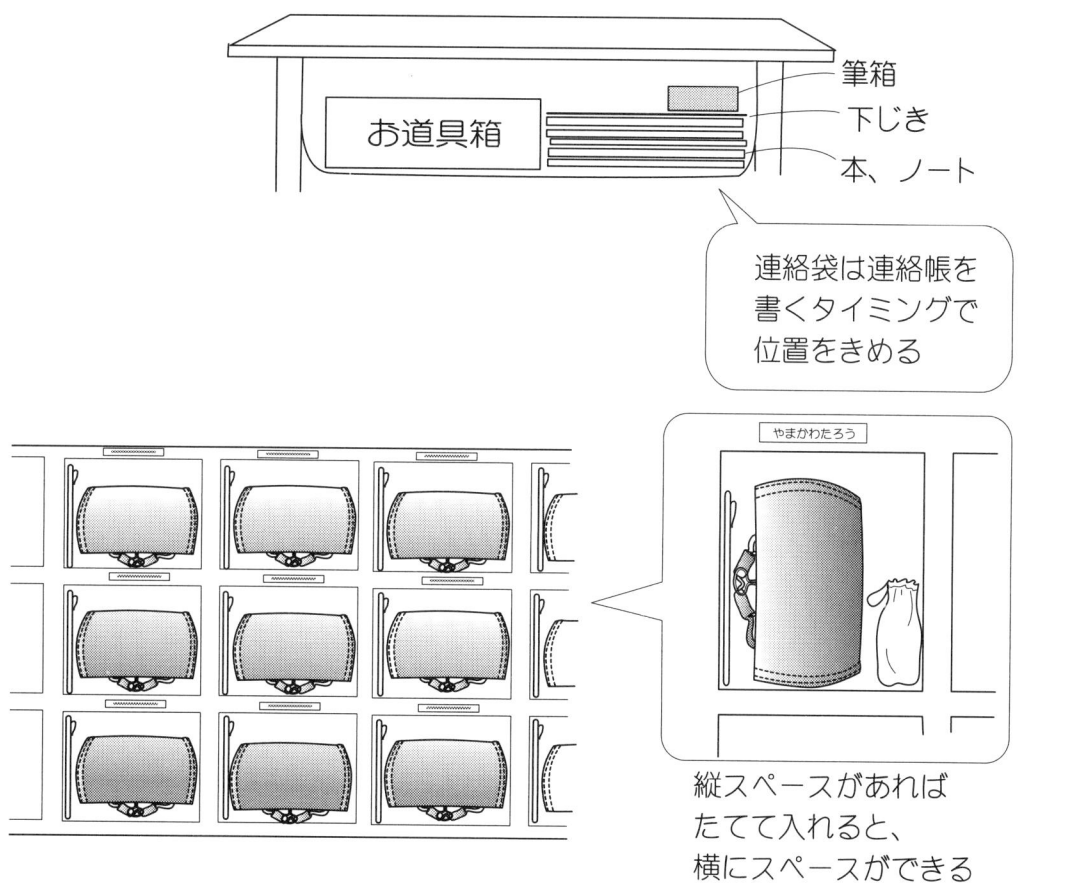

筆箱
下じき
本、ノート

連絡袋は連絡帳を書くタイミングで位置をきめる

やまかわたろう

縦スペースがあればたてて入れると、横にスペースができる

👉 机の中の整理は1日目から毎日します

2日目の2時間

★時間配分の目安★　10分 整列／　25分 職員室・保健室／　10分 トイレ

学校生活の基本中の基本を教える②
学校見学とトイレ指導

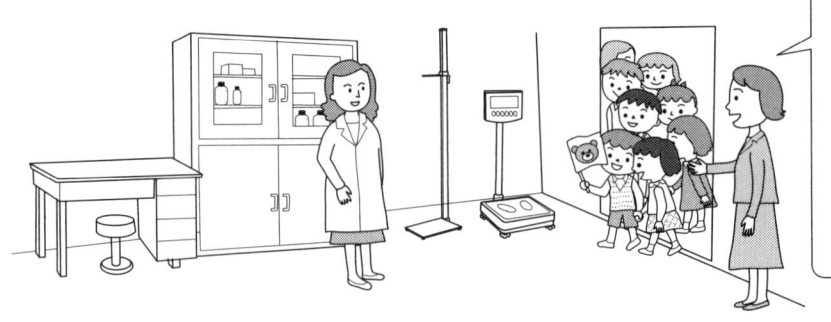

(1)　校内めぐり

❶　職員室と保健室の役割を知らせる

　校内めぐりは、学校によってちがいはありますが、職員室や保健室、給食室などを見学して回ることが多いようです。

　回った部屋の役割をひととおり教えます。しかし部屋についてそれぞれ説明しても、一度に子どもたちが理解するのは難しいでしょう。

　そこで、職員室には自分の先生だけでなく、たくさんの先生がいること、体の調子が悪くなったら保健室で保健の先生にみてもらうことができること、この時点ではこの二つを理解させておきます。

　ここで重要なことは、❷❸の集団で移動する場合の基本を教えることです。

❷　グループにして連れて行く

　「おとなりさんと手の鍵ガチャリ」を原則に、10人ずつぐらいを一つの単位（○号車さん）として、全員を3グループぐらいに分けて、各号車の先頭の子どもに、何か目印になる物（小旗やマスコット）を持たせます。

　「1号車さんが今日の先頭です。続けて2号車さん、3号車さんですよ。みんなついてきてね」というように声かけをして、移動し見学します。

　1年生歓迎会や兄弟学年の会など、クラスで移動することが多いので、人数がすぐ確認できるように10人ぐらいの集団にしておくとすぐに動き始められます。

❸　集団行動の基本を育てる一歩に

　「今日のお行儀一番チームは、3号車さんでした。拍手しましょう」などと、毎回ほめていくと、しだいに次の行動を見通して、手をつないでいる友だちに「次は□□やから、こうしないとあかん」と言う子どもが出てきます。こういう場面を見たら、すかさずそれをほめていきます。「○○さんが、気をつけてくれて

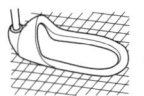

★といれを つかうときの おやくそく

　①おわったら　かならず　みずを　ながします。

　②おわったら　かならず　てを　あらいます。

　③すりっぱを　そろえて　ぬぎます。

　④といれっとぺーぱーでは　あそびません。

から、2号車さんはとっても早かったです。拍手！！」という調子です。

この積み重ねが集団でも混乱せずに整然と行動できるクラスにしていきます。

もちろん、マスコットや旗を持つ子どもを毎日交代させることをお忘れなく。どの子もやりたいのですから。

(2) トイレ指導

❶ トイレの使い方の指導をする

1年生に1年間つきまとうのは、トイレ問題です。まずトイレの使い方を、実際にトイレで指導します。その際、みんなで使うトイレであることを強調し、次のことをしっかり確認しておきます。

- あわてて行っても、きちんと水を流して帰ってくる。
- 汚してしまったら先生に言うか、自分で後始末をする。
- もどしてしまったら必ず先生に言う。

笑うに笑えない失敗談です。お腹の調子が悪くて、授業中にトイレでもどしてしまった子どもがいました。黙って帰っていったので、休み時間に大騒ぎになりました。ノロウィルスが一気に広がり、学年閉鎖寸前までいったのです。

❷ トイレのタイミングに注意する

- 家庭のトイレは洋式で完全個室だが学校のトイレは和式もあり、男子の小便器の使い方がわからない。
- トイレは暗くて少々臭う。
- 人数に比してトイレの数が少ない。

こうした理由でなかなかトイレに行けない子どもが続出します。そのうえ低学年の子どもは、一つのことに夢中になるあまり、休み時間にトイレに行くことを忘れていることがよくあります。授業中、ここが山場と思ったとたんに、「先生、おしっこ〜」と言われて、ガックリ、なんてことはよくあることです。

休み時間ごとに、「トイレに行きたい人は行ってきましょう」と言い続けているうちに、トイレのリズムが身についていきます。

10人程度のグループにして移動すると混乱しない

2日目の3時間

はじめての学習と下校準備

★時間配分の目安★
25分　名前書き
20分　帰る用意

(1) はじめての名前書き

❶ はじめての名前書き

　最初に書いたひらがなの名前を生活科ファイルに保存しておき、一年後のそれと比べるという学習をすると、勉強してきた実感がもてて、子どもたちはとても喜びます。

　そこで、できるだけ早い時点で名前を書かせます。ポイントは「お手本を見てていねいに」です。時間があれば、児童一人ひとりのお手本をつくるとよいですが、1年で一番多忙な時期です。机に貼ってある名札をお手本代わりにしてもよいでしょう。

❷ のりづけの練習をする

　子どもたちは、まだ文字が書けないので、連絡帳にはその日の連絡プリントを貼りつけて持って帰らせます。

　時間をとってきれいにのりをつける方法や、プリントを折る練習をていねいに指導します。上手にできた子を盛大にほめ、うまくできない子に教えてもらうといいですね。少しずつ協力するという雰囲気をつくっていくことが大事です。

(2) 帰る用意をする

　登校したときと同じように、どんな順番で、何をランドセルに入れていけば上手に片づくのかを指導していきます。全員そろって一つひとつ片づけます。

　まず、ランドセルを取りに行かせます。10人ずつ「1号車さん」「2号車さん」と順に行かせるとロッカー周辺が混乱しません。

　次に筆箱に鉛筆などが全部は片づけられたか、連絡ファイルに連絡帳とプリントが入っているか確認します。この二つができるまで待ちます。それからランドセルに、右ページイラストの順番に一つひとつしまっていきます。

のり付けをする

①四角くつける

②×につける

プリントを折る

①端をきちんと合わせて折る

②連絡袋に入れる

★プリントをきちんと折って、しまう

①大きいもの：教科書、ノートなど
②連絡ファイル（連絡袋）
③筆箱
④その横に給食セット

　ここで、何も指導しないで「さあ、帰る用意をしましょう」とやると、ランドセルに荷物を詰めきれない、中でプリントがぐちゃぐちゃ、などなどの困った事態が発生し、今度はそれを一人ひとり詰めなおしていると、下校の時刻に間に合わないことになってしまいます。

　登校のときは、半分以上お家の人が用意をされているのですから、帰る用意が自分でできないのは当たり前だと考えてていねいに指導します。

　最初の学習らしい学習をしない数日間に細かな指導をしていくことが、1年間の有効な時間の使い方ができるかどうかにつながっていくのです。

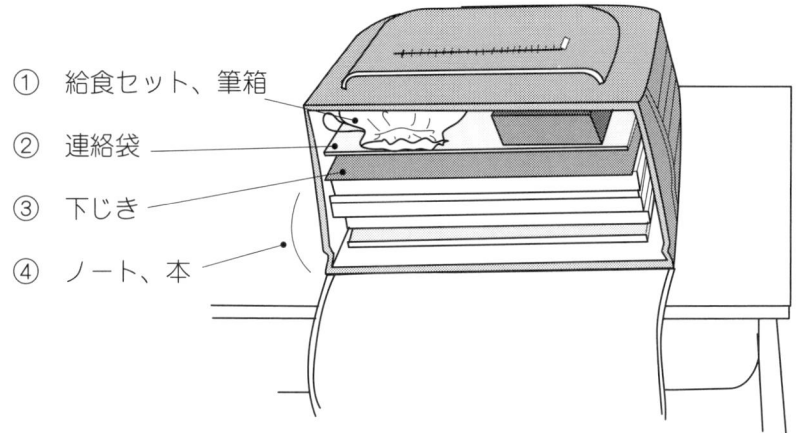

① 給食セット、筆箱
② 連絡袋
③ 下じき
④ ノート、本

（下のフォーマット原寸がカバーの裏にあります。コピーしてお使いください）

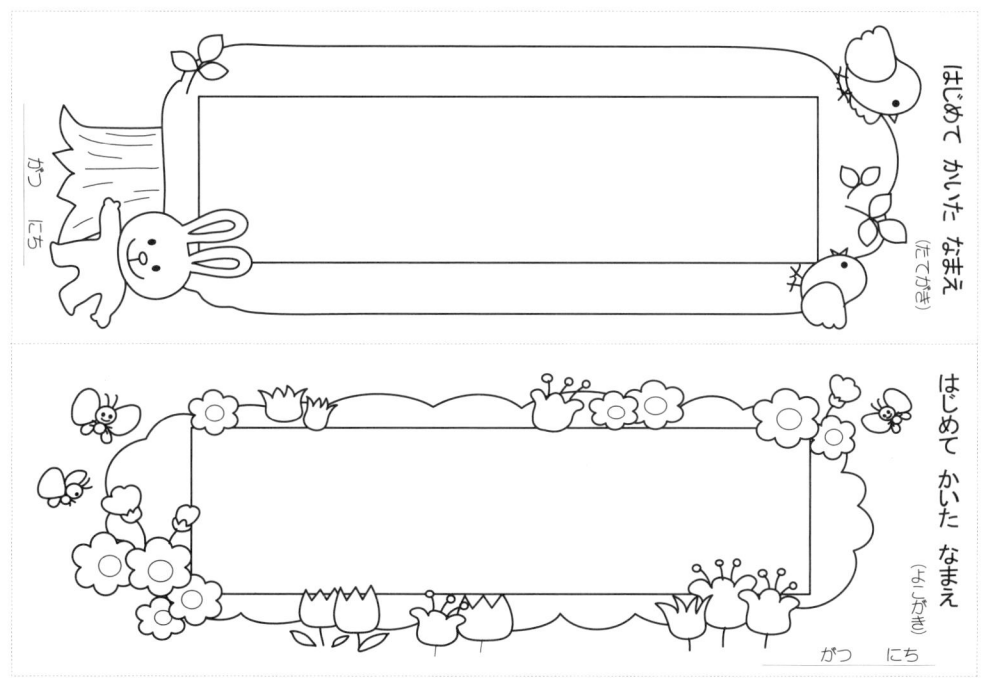

☞ 帰りの支度は全員一斉に一つずつ確認しながら進める

3日目の1時間

★時間配分の目安★
30分 線のおけいこ
15分 道具箱の整理

運筆と鉛筆の持ち方指導

(1) 線のおけいこ

❶ 鉛筆の正しい持ち方と姿勢を確認

正しい持ち方と姿勢は一生の財産です。

「姿勢が正しいと、背中がまっすぐです。背中がまっすぐだと、心臓から血が脳にいきやすいのですよ。脳にたくさん血がいくと賢くなります。背中をピン！」

1年生にもわかるように姿勢の大切さを話します。

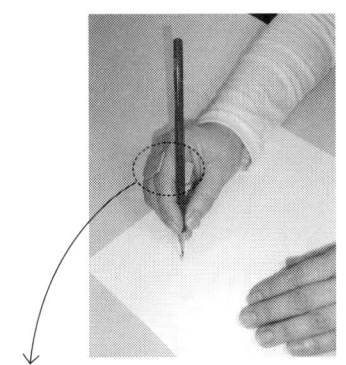

ユビックスは鉛筆を正しく持つための矯正具です。
児童かきかた研究所

❷ 運筆練習を繰り返す

運筆の滑らかさは、ひらがなの命です。なぜならひらがなは曲線が多いからです。運筆を滑らかにするには、「ぬりまる」を使うのがベストですが、教材として購入できないこともありますから、線のおけいこのプリントをたくさん印刷しておきます。曲線、ぎざぎざの線、点つなぎなど飽きさせないような工夫も必要です。

(2) お道具箱の整理

❶ 3日に一度の整理

お家の人がきれいに整理して入れてくださっていたお道具箱も、3日目になると中が乱雑になってきます。このあたりで、整理の仕方を指導しておきます。最初は、3日に一度程度整理の時間をとっていくといいでしょう。

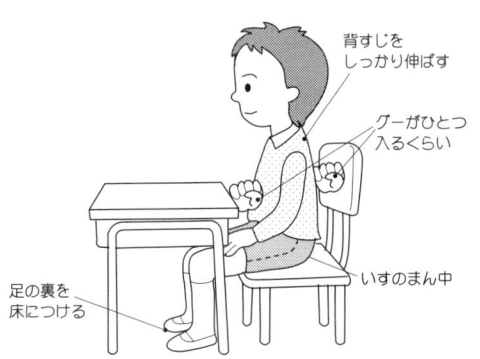

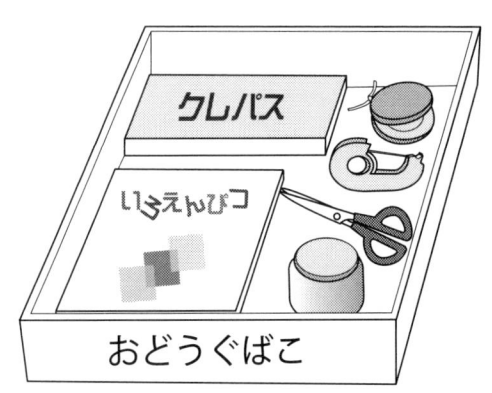

うんぴつ れんしゅう －ぬりまるくん－

2かいめ　　　　　　　　1かいめ

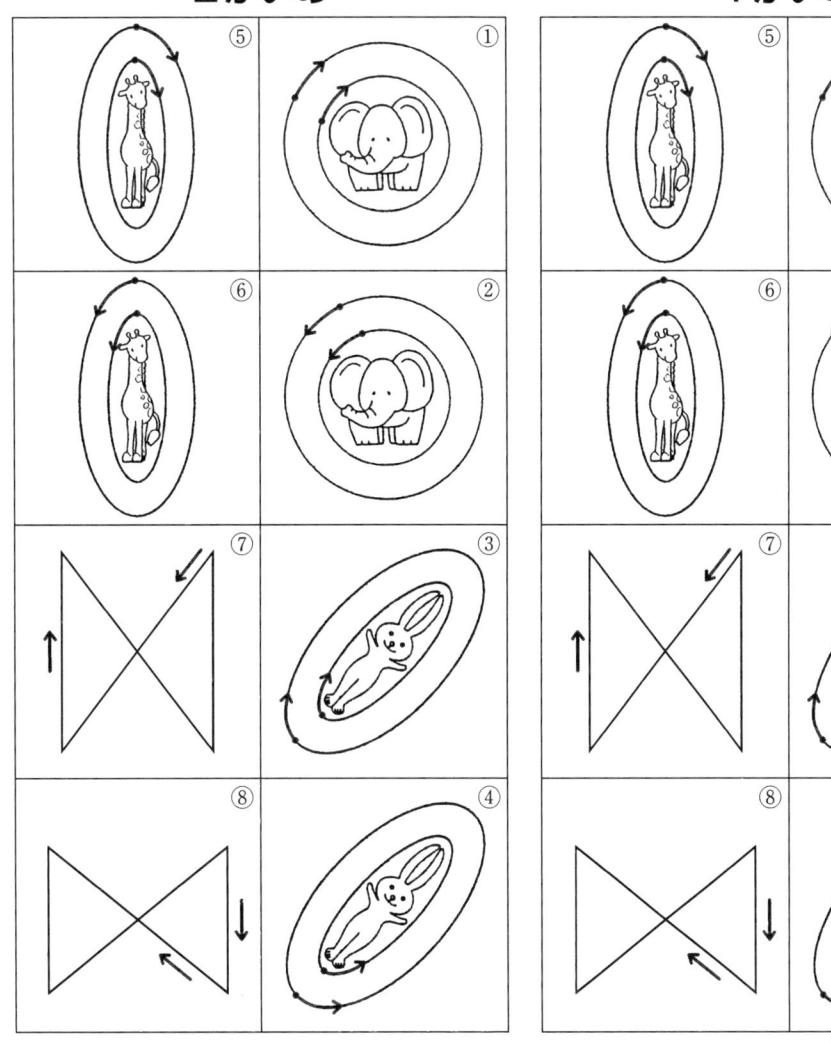

1. ①～⑥の 「ぬりまるくん」は いろえんぴつを つかいます。
2. そとがわの えんを、→の むきに ゆっくり なぞります。
3. うちがわの えんを、→の むきに ゆっくり なぞります。
4. えんと えんの あいだを、→の むきに くるくると えんぴつを まわしながら ぬります。
5. ⑦⑧は まっすぐな せんの れんしゅうです。２Ｂのえんぴつで、→の むきに ていねいに なぞります。
6. ばんごうの じゅんに れんしゅうします。

❷ 手本を示す

　自分でできない子も多いので、上手に整理できた子が、苦手なこの手伝いをするようにしておくと、うまくいきます。また、上手な子のものを写真に撮って掲示しておくと、苦手な子にもイメージが持ちやすいです。

(3) この時期の宿題

　入学式当日は「あいさつ」を宿題にしました。

　授業と家庭学習は学力定着の両輪です。早い時期から家庭学習をスタートさせ、習慣づけをしましょう。意図的、計画的に宿題を出します。

❶ どんな宿題を考えるか

　この時期、教師も多忙です。なるべく手間のかからない宿題を考えます。

　線のおけいこのプリントを使ったり、数を数えたりするプリントのほかに、こんなものも入れていきます。

　　（例）　お家の人のお手伝い三つ
　　　　　友だちと遊ぶ

　好評だったのは、「数を数える」と「五十音を順番に言う」です。

　「数を数える」では1から20まで順に言っていくのと、10から1までカウントダウンしていくこと。

　「五十音を順番に言う」ではひらがなを「あ行」から「さ行」まで言う、などです。

　点検は簡単、翌日の朝全員で唱えればいいのです。

　全員で唱えているときに、顔が曇った子どもが見つかります。そういう場合には、必ず声をかけていくようにします。

　ここから、子どもの生活実態がつかめることが多いのです。

❷ 宿題をしてこなかった子どもへの指導

　お手伝いの宿題ならば、「1号車さん、どんなお手伝いができましたか」と授業の始まりに声をかけます。このときみんなが発表できるのに、自分がしてこないのはまずいと子どもは思います。この時期は、このように宿題はしければいけないものと思わせることが大切です。

★入学1週間以内の宿題例☆

- 家族のフルネームを覚えてくる。
- 学校であったことを家の人に三つ話す。
- 家の住所や電話番号を覚える。
- 学校に行くときの服を自分で用意する。
- 自分で鉛筆をけずる。もちろん鉛筆削りで。
- けんけんで10歩とぶ。

- 家族とじゃんけんして、勝ったら抱っこしてもらう。
- 家族とじゃんけんして、負けたらおもしろい顔をする。
- 自分の好きな絵本の名前を調べる。
- 家の人にクラスの友だちの名前を3人分言う。

なまえ（　　　　　　　　　）

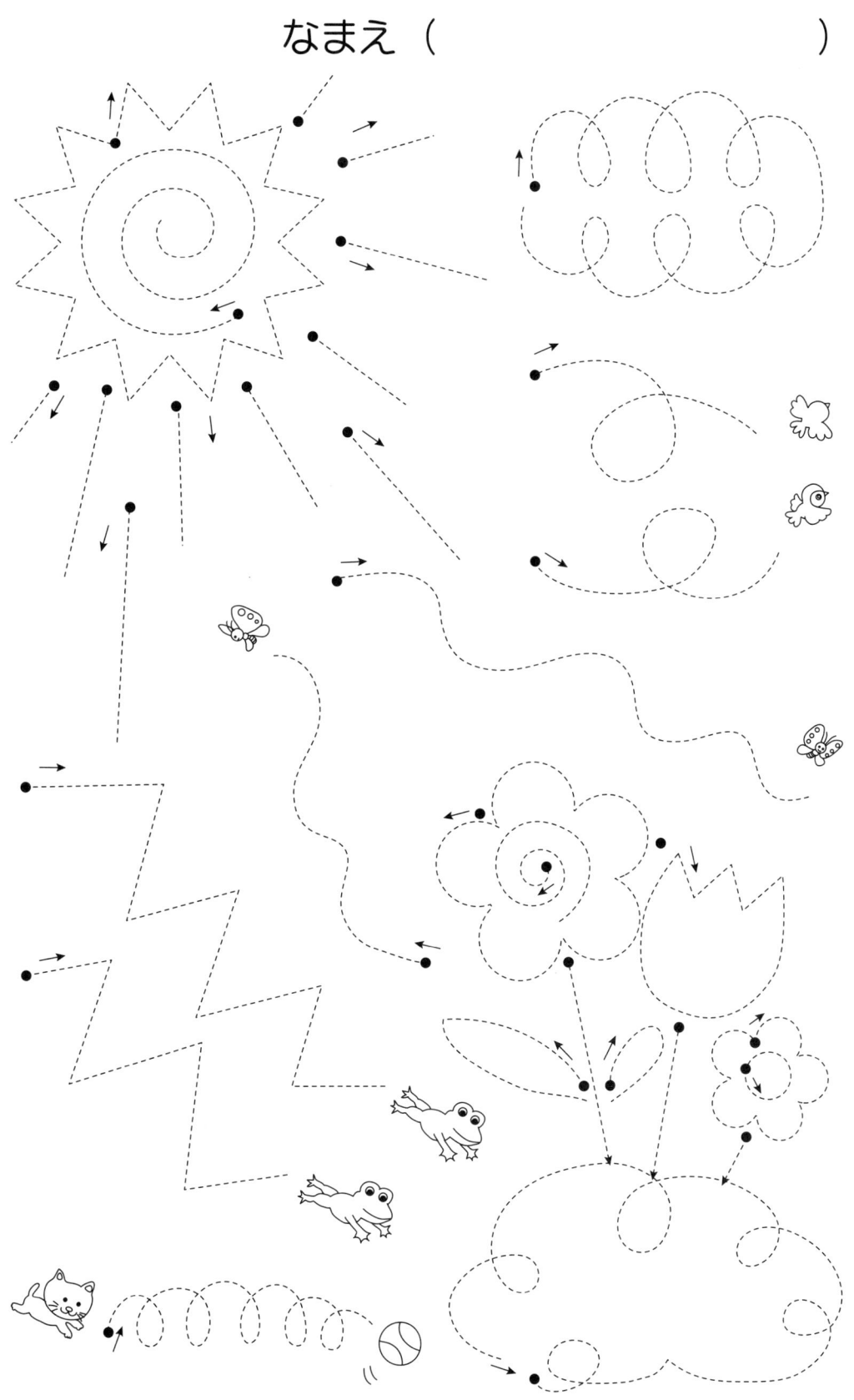

3日目の2時間目

プレ体育　着替えと整列の練習

★時間配分の目安★
15分　着替え
20分　移動と練習
10分　着替え

（1）　着がえの練習

着替えや整列は体育だけでなく、学校生活のさまざまな場面で学校生活をスムーズに送るために必要な基本的な技能です。

❶　15分程度で様子を見る

トイレとならんで1年生のハードルの一つが、この着がえです。体育だけでなく、身体測定、各種検診など体操服に着がえる場面はたくさんあります。そこで、子どもの様子を観察することも兼ねて練習します。

だいたい15分をめどに、着がえタイムを設定してみましょう。15分あれば、着がえて脱いだ服をきれいにたたんで整理する、というところまでできると思います。15分たってもできていない子どもの場合は、手助けが必要だということがわかります。

❷　苦手な子には指導する

このときも、お道具箱の整理と同様に、苦手な子どもには整理の仕方を指導します。

- 脱いだ服は表に返してたたむ。
- くつしたは左右重ねておく。
- 着がえ中にはうろうろしない。

など、できて当たり前のことと思わずに、1年生の担任は学校のお母さん、お父さんだと考えてください。ここをていねいに指導しないと、夏場の水泳時に「パンツがありませ～ん‼」、秋の運動会で「体操ズボンがどこかにいっちゃった」となってしまいます。

これもお道具箱の場合のように、整頓できた状態を写真で示してやると、わかりやすいでしょう。

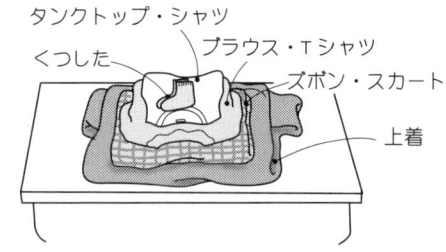

（2）　並びっこの練習

❶　楽しいネーミングで並び方を紹介する

授業の始め15分で着がえがすんだら、その後、体育館や運動場へ移動します。このときも「手の鍵ガチャリ」です。

終わりの10分は着がえの時間にあてますから、およそ体育らしいことはできません。最初の体育のおすすめは「並びっこ」です。

- 朝会の並び方（身長順）
- 身体測定の並び方（男女別氏名順）

並び方も、1年生にわかるようなネーミングが必要です。どこでその並び方をするかで名前をつけておきます。たとえば、「保健室ならび（＝名簿順）」「運動場ならび（＝体育）」「遠足ならび（＝朝会）」など行き先別に名前をつけておくとよくわかります。

❷ となりの友だちを覚えさせる

身長順で並んだら、以下のことをゲームのようにして楽しみ、となりの子の顔をと名前を覚えます。

①となりの友だちの名前を3回大きな声で言う。

②それから、じゃんけんをしてどちらかが3回勝ったら、二人とも座る。

子どもたちに「1列目さんですよ」と言っても、自分が何列目なのかはあまり覚えてはいません。それよりも、となりの友だちの顔と名前を覚えておく方が役に立ちます。移動時に二人ともが迷子になってしまうということはあまりないからです。何列目かという順番は、全員そろった時点で確認すればいいのです。

次は、先生が移動して並びっこをします。「先生は、体育館のドアの方に行きますよ。ピーと鳴ったら、先生の前に、保健室並びで集まります」というようにして、向きが変わったときも並べるようにしておきましょう。

着替えと整列は行事をスムーズに進めるスキル！

1年生　3日目

3日目の3時間目

運動場めぐりと給食準備

★時間配分の目安★
20分　運動場めぐり
15分　遊び
10分　給食準備指導

(1) 運動場めぐり

❶ 遊具の使い方を指導する

入学して3日目。休み時間には、今まで使ったことのないような遊具がいっぱいあり、子どもは楽しんでいます。しかし、意外な落とし穴があります。

すべり台を逆から登っていって、上から勢いよくすべってきた子とぶつかって右腕の骨を折ってしまったことがありました。利き腕の骨折なので、運筆練習ができなくて、あとあとまで響いてしまいたいへんなことでした。

子どもはもともと好奇心いっぱいで、少し危険なことをしたがるものです。しかも人生経験が少ないので、その危険度を知りません。早いうちに遊具の安全な使い方と、守らなかったときの危険の大きさを教え、最低次の3点のルールについてはしっかり守らせます。

- すべり台は逆から登らない。
- ブランコは二人乗りしない
- 上り棒の上には立たない。

このとき、怪我をした事故の例を話すと、子どもたちはより真剣にとらえます。

あちこちの園から集まってきている子どもたちですから、使い方のルールもバラバラです。ある園では、砂場ではスコップ使用可で、ある園では危険防止のため使用禁止だった、というようなことはままあることです。運動場を回りながら、一つずつていねいに教えていきましょう。「小学校では、先生がいいと言ったときのほかは砂場ではスコップは使いません」というように、学校には学校のルールがあるということを言います。

もちろん、ひととおり回り終えたら、「ルールを守って遊びましょう」の楽しい遊びタイムもお忘れなく。

❷ 集団遊びも教える

遊具の説明が終わったら、集団遊びもおすすめです。

最近の子どもたちは、体が接触する遊びや集団遊びの経験が足りません。ドロケイ（泥棒と警察になった鬼ごっこ）や、ケンパーなど、10人以上で簡単にできる遊びを体育の時間にも少しずつ教えてほしいものです。

学童保育に行っている子どもたちは、指導員さんや高学年の子どもたちにいろいろと遊びを教わっていることも多いですから、たずねてみるのもいいですね。

(2) 給食の準備をする

1年生の給食は、はじめはゆったりと

時間をとりたいので、4時間目の授業時間に食べることになります。ですから3時間目の後半には、給食の指導をして待っていなければなりません。

❶ 待ち方の指導をする

最初は6年生が教室まで運んできて配膳してくれる学校が多いようです。1年生の子どもたちは、マスクをしてお行儀よく待っているように指導します。

- 机の上を片づける。
- 手をきれいに洗う。
- マスクをする。

この時期の給食は、机を移動させたりせず、前向きのままで食べると、偏食の子や姿勢の悪い子などがよくわかります。

6年生の配膳が終わったら「お兄ちゃん、お姉ちゃん、ありがとう」とお礼を言わせるようにします。ほかの学年にお世話になることが多いので、お礼のひとことを習慣づけることは大切です。

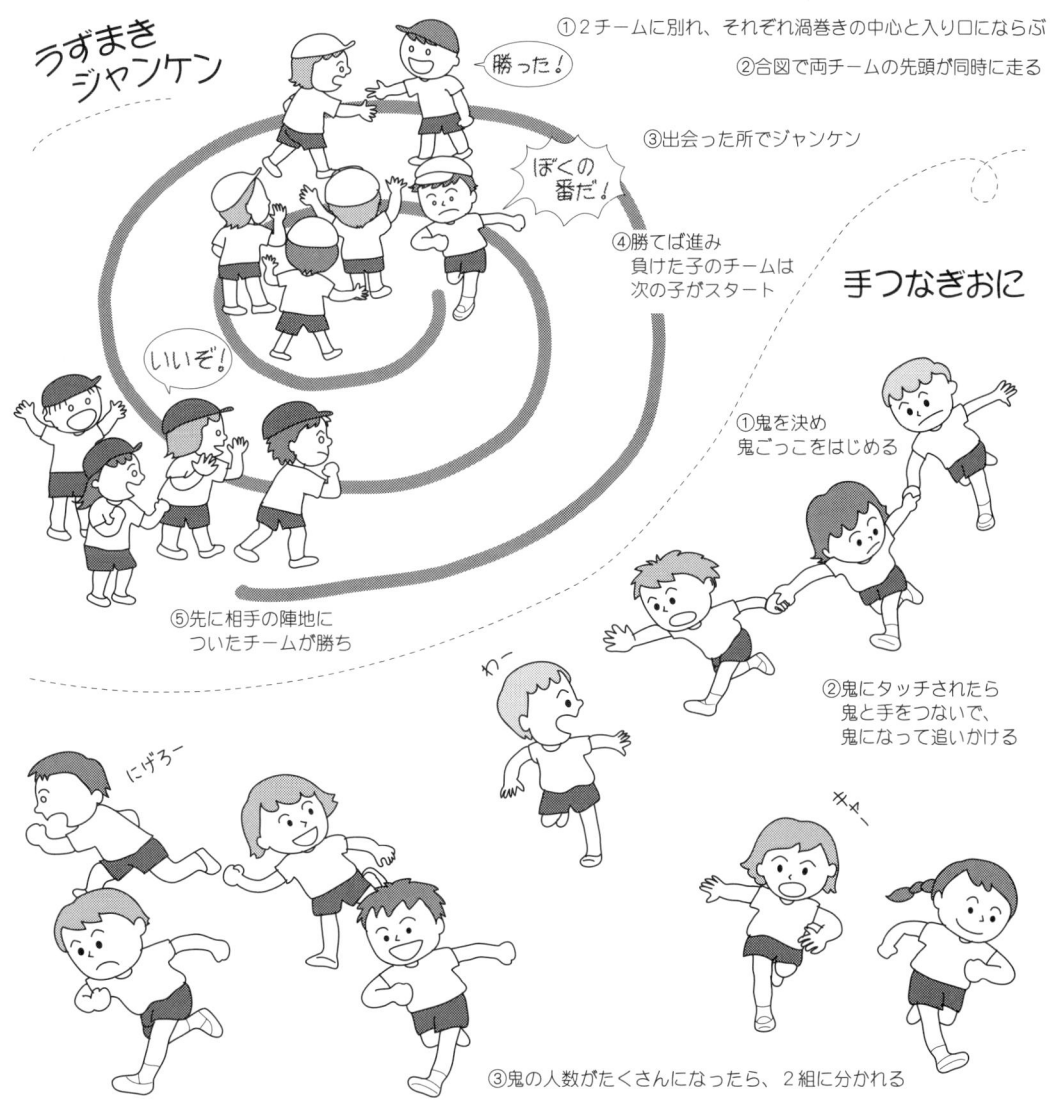

体を接触させる集団遊びを取り入れる

3日目の4時間目
給食指導

(1) 最初の給食指導

❶ 偏食の子どもに気をつける

みんなで「いただきます」をしましたが、なにやら浮かぬ顔の子どもがいます。
「先生、これ食べられません」
「苦手なの？」
このとき「嫌いなの？」とたずねません。嫌いと苦手は違います。また、苦手な理由には二種類あります。
- 食べたことがない。
- 食べたことがあって嫌がっている。

食べたことがない子には「そう、はじめてなの。とってもおいしいんだよ」とすすめてみます。嫌がっている子には、「じゃ、一口だけ食べてみようね」とすすめます。

青身の魚、野菜で匂いのあるもの（ピーマン、トマトなど）を苦手としている子どもは多いです。無理強いはいけませんが、アレルギーでない限り少しは食べるように指導していきます。

❷ 片づけの指導は最初が肝心、教師は学校のルールの事前確認を

だいたい30分ぐらいをめどに「ごちそうさま」をします。その後の片づけの指導をきちんとしていきます。牛乳パックはたたむ、食器の種類は分ける、食べきれなかったものは食缶に返して食器は必ず空にする、など、細々したきまりが各学校であります。事前に給食指導担当の先生や学年の先生に確認しておきます。一度まちがった方法で片づけさせてしまうと、修正するのが難しいです。

(2) 1年生下校の用意

教員が引率して1年生だけで下校する場合、低学年団でいっしょに帰る、しばらくは全校でいっしょに下校する、など学校によってシステムはいろいろです。最近は、安全確保ということで、地区ごとに集団で下校して、一人で歩く時間ができるだけないようにしている学校が増えました。

そうなると、地区ごと、登校班ごとに集合をしなければなりません。まだまだ自分の地区や班がどこなのかわからない1年生にとっては、これも大問題です。

対応策として、色分けした9ミリの丸いシールを名札やランドセルに貼っておくようにします。こうすれば、担任以外の教師にも一目瞭然でわかります。

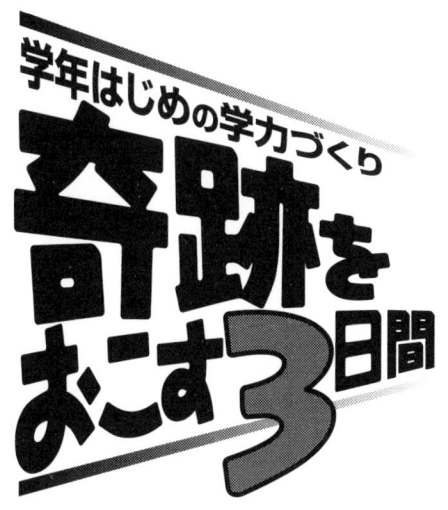

学年はじめの学力づくり
奇跡をおこす3日間 2年生

時間＼日	0日目	1日目	2日目	3日目
1	準備	始業式 学級開き	朝学習 / 国語 教科書を使って	朝学習 / 国語 漢字実態調査
2			算数 まるつけ技能と実態調査	学級活動 自己紹介カードを書く
3			学級活動 日直・当番・係を決める	体育 整列練習とゲーム
4			学級活動 給食当番の決め方と給食指導	図書の時間

0日目　準備
子どもの居場所づくり

(1) 始業式当日の計画を立てる

　新学期のスタートをスムーズに切るために一番大切なことは、初日の学校での自分の動きと子どもの動きを、頭の中でシミュレートすることです。この1点に尽きると思っています。

　大学ノートを1冊用意します。そのノートに、時間を追って、自分の動きと子どもの動きを書いていきます。まず、学級開きに使える時間はどれくらいあるかを確かめます。

　始業式が8時45分に始まり、9時30分に終わるとします。11時に職員室で全体の打ち合わせがあるとすると、クラスで使える時間は1時間30分です。

　この1時間30分の間に、必ずしなければならないことは次の二つ。
・家庭環境調査表や保健関係などのプリントを配布すること
・教科書を配ること

これらにかかる時間を引いて、担任の自己紹介、連絡帳記入、学級開きの楽しい取り組みなどの時間を配分します。

　そのとき、①始業式は運動場でするのか、体育館なのか。②始業式の後、子どもたちは教室に入りますが、教師のあなたは、子どもたちと一緒に教室に向かうのか、それとも職員室に戻るのか。③子どもたちは、教室の好きな席でよいのか、すでに席は指定されているのかなどを考慮しなければなりません。

　新学期の3日間は1年間の実践が凝縮されたものなのです。学級づくり、学力づくり、そして、教師としてのあなたの計画性や段取り能力の基礎となります。

(2) 子どもの居場所をつくる

　子どもの居場所とは二つあります。新しい教室に椅子や机などがあるかという物理的な面と、教師に自分の存在が認められているかということです。

❶ 名前を正確に把握する

　自分のクラスの子どもの名前の読み方を確認しておきます。ぼくの名前は、金井敬之とかいて「かないのりゆき」と読みます。今は「のりゆきと読むほうが、無理があるなあ」と思えるようになりましたが、子どものときは、「のりゆき」と読んでくれないことが、不満で仕方ありませんでした。

　小学校2年生のときです。自分の靴箱に「かないたかゆき」と書かれたシールが貼ってありました。担任の先生に「ぼ

く、『たかゆき』じゃなくって、『のりゆき』ですけど」と告げたら、「あっ、そうなの」と言ったまま直してくれませんでした。

若い女の先生で、ずっとそのことを恨みに思っていたわけではありませんし、かわいがってもくださいましたが、何十年たっても、そのことは覚えています。

ぼくのクラスに、小笠原さんという子がいます。「おがさはら」と読みます。彼女は「おがさわら」と呼ばれるのをとても嫌がっています。「やまざき」か「やまさき」か、「やだ」か「やた」か、他人が思う以上に本人は気になるものです。当然のことです。子どもの存在を認めるということは、このようなところから始まるのです。

❷ 物理的な居場所をつくる

靴箱、傘たて、教室のロッカー、机に名前シールを貼ります。子どもたちの居場所づくりです。

靴箱、傘たて、ロッカーは普通の名前シールでいいですが、児童机には、天板の下、教師から見えるほうに、画用紙で大きく名前を書いた紙をガムテープ貼ります（左ページ写真）。そうすると授業中も、教卓の位置からもよく見え、指名をするときに便利です。専科や少人数担当の教師にも、名前がわかりやすく便利です。

☆私は計画をこんなふうに立てました。

ノートを用意して3日間のシュミレーションしてみよう

2年生　0日目

● 1日目　始業式

学級開き　印象深く

★時間配分の目安★
15分　教師自己紹介
30分　配布
10分　連絡帳記入

(1) 朝会で着任のあいさつをする場合

新任や転任の場合、運動場や体育館で全校児童の前で着任のあいさつをします。あいさつのポイントは三つです。

①学校や児童をほめること

自分や自分の学校をほめられて嫌な気持ちになる人はいません。ほめてくれた人に好意を持ちます。

②自分を印象づけること

自分を印象づけて名前を覚えてもらいます。ぼくの知人がかつて着任のあいさつで、「先生の特技は体操です」と言って、朝礼台から宙返りをしました。子どもたちから拍手と歓声が上がりました。「最初は先生も、できませんでした。少しずつ努力してできるようになりました。みんなも勉強や運動に努力しましょう」と締めくくったそうです。その日から学校で大人気の先生になりました。

③短時間で話すこと

転任者がたくさんいるのに、自分だけ2分も3分も話すことは許されません。短時間であいさつをします。

始業式が終わると、教室に入ります。教師が一度職員室によってから教室に向かうのか、クラスの子どもたちと一緒に教室に入るか事前に確かめておきます。

子どもたちと一緒に教室に入る場合は、指定の席に着かせ、すぐに学級開きを始めることができます。違う場合は、子どもたちだけで過ごす時間が数分間あります。「先生が来るまで席にすわってまっておきましょう」という指示が必要です。

(2) 学級開き

前日、児童の机の天板の下（教師から見える方）に、子どもたちの名前を書いた紙を貼ってあるので、子どもたちは、自分の席がわかります。こうしておくと、親しい友だちがいない子がぽつんとしていたり、男女が机を大きく離して座っていたりすることがありません。

靴箱やランドセル入れに、シールを貼りました。それは「ここが、きみの教室だよ。きみの居場所をきちんと用意しているよ」というメッセージなのです。

❶ あいさつ

子どもたちの前に立ったぼくを、子どもたちは見つめています。どんな先生だろう。こわいのかな、やさしいのかななどと、観察しています。

まず、「おはよう」と教師から子ども

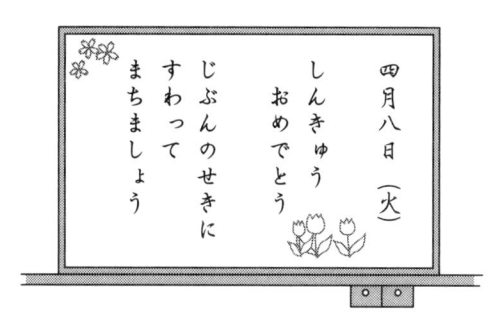

[黒板]
四月八日（火）
しんきゅう
おめでとう
じぶんのせきに
すわって
まちましょう

★ 着任・新任の あいさつのポイント ☆
① 学校や児童をほめること
② 自分を印象づけること
③ 短時間で話すこと

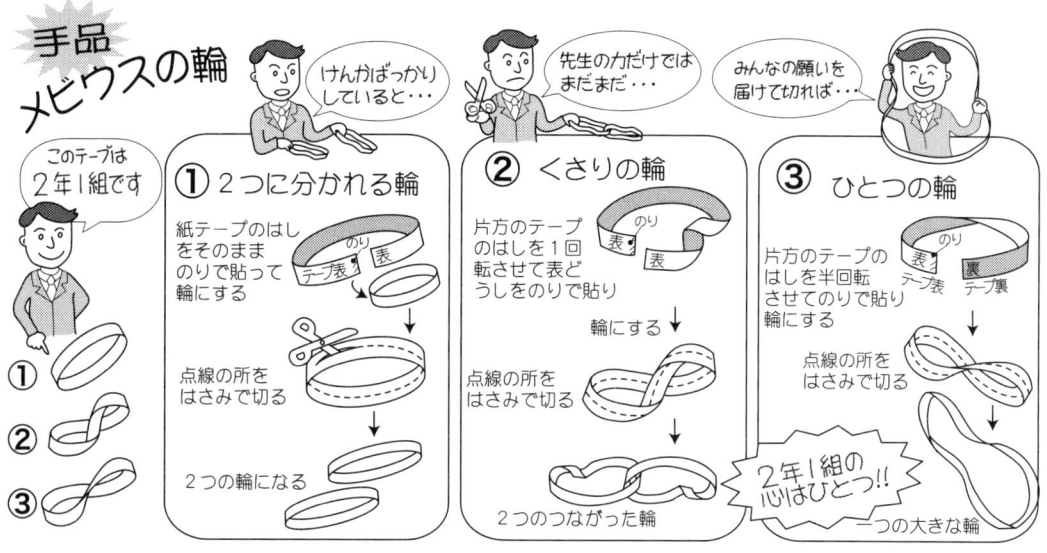

手品 メビウスの輪

このテープは2年1組です

① 2つに分かれる輪
けんかばっかりしていると…
紙テープのはしをそのままのりで貼って輪にする
点線の所をはさみで切る
2つの輪になる

② くさりの輪
先生の力だけではまだまだ…
片方のテープのはしを1回転させて表どうしをのりで貼り
輪にする
点線の所をはさみで切る
2つのつながった輪

③ ひとつの輪
みんなの願いを届けて切れば…
片方のテープのはしを半回転させてのりで貼り輪にする
点線の所をはさみで切る
2年1組の心はひとつ!!
一つの大きな輪

『パッとできる学級びらき』（フォーラム・A）深沢英雄氏実践より

たちにあいさつをします。「おはようございます」の声が大きかったら、「元気なあいさつですね。とっても気持ちいいです。うますぎるのでもう一度元気なあいさつを聞かせてください」と、もう一度あいさつをさせます。

　もし声が小さかったら、「先生は、元気なあいさつができる人が大好きです。もう一度元気なあいさつを聞かせてください」と、もう一度あいさつをさせます。あいさつは、学校生活の基本です。

　授業中でも大きな声で発言することは大切な学習技能です。最初の出会いから、あいさつを大きな声でさせることを

しつけていきます。

❷ 自己紹介

　「先生の名前は、かないのりゆきです」と言って、黒板に「かないのりゆき」と書きます。

　「好きな食べ物は、エビフライとたまご焼きです。好きな言葉は『コツコツ努力する』です。1年間、君たちと一緒に勉強したり、遊んだりできると思うとうれしくて、わくわくしています」と簡単にあいさつします。

　ここ数年、自己紹介で、自分の好きな食べ物を言うようにしています。深い意

図はないのですが、低学年では好きな食べ物で話題が広がったりして、子どもとの会話が弾みます。ぼくの好物のエビフライとたまご焼きは、遠足のお弁当の定番です。遠足当日には、「エビフライとたまご焼き、持ってきたよ」「先生、うちのたまご焼き食べてー」「エビフライ、あげる」など、話題が広がります。

❸ 得意技披露

時間の関係もありますが、自己紹介は手短にして最後は得意技を披露します。ぼくの場合はけん玉です。

おもむろにかばんの中から、けん玉を取り出し「先生の特技は、このけん玉です」と言って、「大皿」「小皿」などの技を披露しました。玉を剣に入れる「とめけん」や「ふりけん」をすると、子どもたちの目つきが変わってきました。拍手をしてくれる子もいます。「ありがとう。うれしいなあ」と言うと、一層大きな拍手が返ってきました。「飛行機」や「灯台」といった技を次々と披露しました。

「すごかった？　ありがとう。でもね、先生も最初は全然できなかったんだよ。知り合いの先生に教えてもらって、毎日少しずつ練習したので、だんだんうまくなりました。勉強でも、運動でも、けん玉でも、こつこつ努力することが大切なんです」と話をしました。

(3) 教科書とプリントを配る

教科書配布の仕方は、学校によってさ

◆プリントを配るとき

×　振り向かずにわたす。

○　はい、どうぞ

振り向いて、一声かけてわたす。

まざまです。共通しているのは、**子どもたちに作業をさせ、そのときの様子から子ども理解を深めること**です。

❶ 教科書は配布後にも再度点検

「今から教科書を取りに行きます。行ってくれる人？」と言うと、何人かの子が手をあげました。「ありがとう。すすんで仕事を引き受ける。さすが2年生だ」とほめました。

子どもたちに手伝ってもらって、教科書を配ります。全部の教科書を配り終えたあと、もう一度、過不足がないかどうか確かめます。

「1冊ずつ確かめます。順に机の右上に並べていきます。まず、国語、次は算

> ★連絡帳は家庭とつながる☆
> ## 超重要アイテム！
> ①ていねいに書いている連絡帳に、保護者は安心する。
> ②ていねいに連絡帳を書くと忘れ物が減る。
> ③連絡内容を書かせながら字形指導ができる。

◀低学年の連絡帳の内容はこれだ！

```
4月9日(月)
れ たんにんの〇〇〇〇先生のメッセージ
   「子どもたちのせいちょうのため、ともにがんばりましょう。一ねんかん、どうぞよろしくおねがいします。」
し 本読み　たんぽぽ□ページ
手 7まい
も 1 こくご　さんすう
  2 手がみのへんじ3まい
  3 おどうぐばこ
○
```

れは連絡事項、しは宿題です。手は手紙、もは持ち物です。
○の下には、今日のミニ日記を書きます。

数、音楽…」と1冊ずつ一緒に確認していきます。

❷　プリントを配る

　新学期のプリントはたくさんあります。ときには十数枚になることもあります。その中には保護者に記入してもらって提出してもらうものと、お知らせのプリントの2種類があるので、事前に確認をしておきます。家庭環境調査表、PTA会費の口数、心臓検診の問診票、保健調書などが提出物です。

　プリントの配布は、前列の子から後ろに配っていきますが、後ろの子に渡すときに「どうぞ」と言って体を後ろに向けて渡すように指導します。

　これには二つのメリットがあります。一つは、床にプリントを落とすことが減る、もう一つは、後ろの子の目にプリントの角が入るという事故が防げます（かつて、ぼくのクラスで経験をしました。大事に至らなかったのでよかったですが…）。

(4)　連絡帳に記入させる

　連絡帳に明日の連絡を書かせます。2年生になってはじめて書く連絡帳です。ていねいに書かせます。

　効果はおもに上にあげた三つです。
　やる気にあふれている新学期ですから、ほとんどの子どもたちは、ていねい

連絡帳はていねいな文字で記入させる

2年生　1日目

に板書します。次にような手順で行い、最後は一人ずつ点検して終わります。

① 「今から、連絡帳を書きます。自分の一番上手な字で書きましょう」と言い、教師も黒板にゆっくりとていねいな字を書いていきます。このことは、毎日の連絡帳をていねいに書きましょうというメッセージなのです。

② 書けた子どもから、「お願いします」と言って、連絡帳を教師の方に開いて一人ずつ持ってこさせます。そのとき「上手ですね」「きみは字がうまいのですね」とほめます。

頑張れる課題を提示してその成果をほめる、それが新学期の3日間の大切なセオリーです。

(5) さよならは印象深く、子ども理解もかねて

帰りの時間が迫ってきました。
「明日も楽しく過ごしましょう」と言って、さようならのあいさつをします。そして印象深く送り出します。

❶ さよならじゃんけん

ぼくの場合は、「さよならをしたら、先生とじゃんけんをします。先生に勝った人から、前に来て握手をして帰ります」と言って、さよならのあと、じゃんけんをしました。ぼくの手をしっかり握りしめる子、そっと手を出す子、「ぼくの名前覚えた？」と話しかけてくる子など、さまざまです。子どもたちの一面がわかり、子ども理解につながります。

「さよならじゃんけん」は子どもたちが気に入って、次の日の帰りも「先生、じゃんけんは？」と言われました。ある年は、1か月毎日「さよならじゃんけん」をしました。作文に「お帰りが待ち遠しかった」と書いてくれた子もいました。

❷ パンパンゲーム

以前に「パンパンゲーム」というゲームをしたこともあります。このゲームも好評でした。3・4年生と持ち上がったときは、2年間このゲームを楽しみました。1年から6年生まで楽しめます。

教師と子ども全員が「パンパン」と2回手をたたき、3回目にもう一度手を「パンとたたく」か「たたかずに胸の前で交差させる」かを教師が選び、教師と同じ動作した子どもは負け、教師と違う動作した子どもが勝ちという簡単なゲームです。

こうしたゲームには、教師がイニシアティブ（主導権）を握るねらいもあります。学級担任は新学期、いち早く主導権を握ることが大切です。スポーツにルールがあるように、一定の快適な枠組みの中で、子どもたちは楽しく自由に過ごせるのです。そのために教師はイニシアティブをとるのです。

この先生はおもしろそう、この先生となら1年間楽しく過ごせそう、かしこくなれそうなど、子どもの思いがふくらみ、子どもの新学期の意欲を高めるような出会いにしたいと思います。

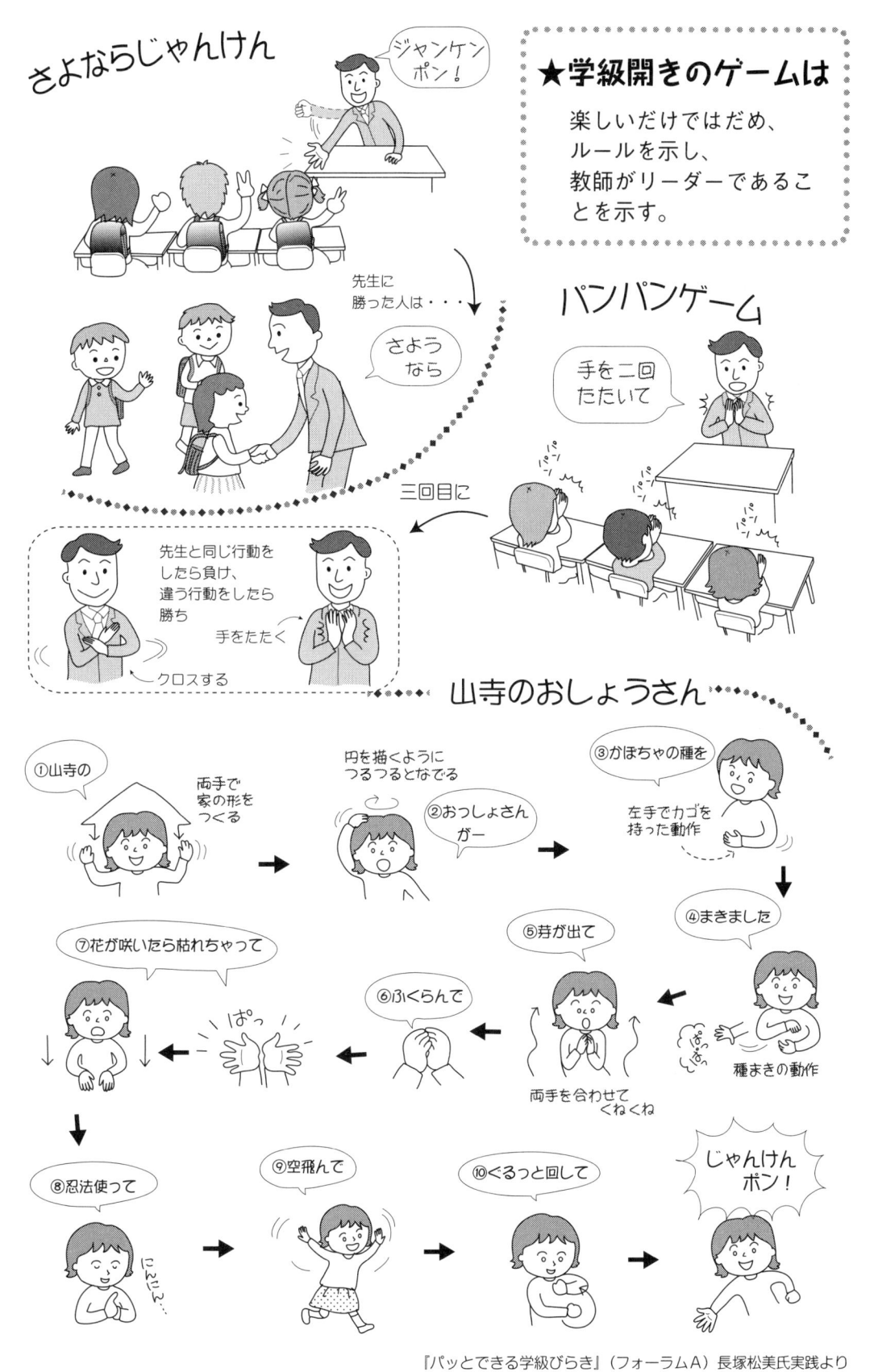

さよならじゃんけん

ジャンケンポン！

先生に勝った人は・・・

さようなら

三回目に

先生と同じ行動をしたら負け、違う行動をしたら勝ち

クロスする　手をたたく

★学級開きのゲームは

楽しいだけではだめ、ルールを示し、教師がリーダーであることを示す。

パンパンゲーム

手を二回たたいて

山寺のおしょうさん

① 山寺の — 両手で家の形をつくる

② おっしょさんガー — 円を描くようにつるつるとなでる

③ かぼちゃの種を — 左手でカゴを持った動作

④ まきました — 種まきの動作

⑤ 芽が出て — 両手を合わせてくねくね

⑥ ふくらんで

⑦ 花が咲いたら枯れちゃって — ぱっ

⑧ 忍法使って — にんにん…

⑨ 空飛んで

⑩ ぐるっと回して

じゃんけんポン！

1日目のさようならは印象深く

『パッとできる学級びらき』（フォーラムA）長塚松美氏実践より

2年生　1日目　41

2日目
朝学習

(1) 連絡帳を出させる

　朝は、出勤したら教室に向かいます。**4月中は始業時刻の30分前に教室に入る**といいでしょう。

　子どもたちには、登校してすぐに連絡帳を前に出すよう指示します。教師は朝の打ち合わせが始まる前に、少なくとも家庭からの連絡がないか確認します。

　教卓の周りが混雑しないよう、連絡帳の提出場所としてかごや箱を用意し、その中に、その日のページを開き、上にきれいに重ねるように指導します。

　連絡帳を朝のうちに見るのは家庭からの連絡があるかもしれないからです。中学年以降になると、家庭から便りがあるのを子ども本人がわかっているはずですが、2年生では、その限りではありません。午後の授業が終わって連絡帳に明日の予定を書くときになって「先生、お母さんから」と言われて、連絡帳を見ると、「体調が悪いので、給食を少しにしてください」と書いてあってあわてるという事態を防ぎます。

(2) 朝学習を始める

　教室から職員打ち合わせで職員室に戻る前に、朝の学習の課題を伝えます。

　ここでのねらいは、「**教師がいないときに、席について学習をする習慣をつける**」です。1年生の計算や漢字のプリントを配ります。5分程度のプリントを用意します。

　「先生が来るまで静かに勉強をしておきましょう。プリントが終わった人は、プリントのうらにお絵かきをして待っていましょう。席から離れてはいけません」と伝え、黒板にも書いておきます。

　職員室から教室に戻って、子どもたちが静かにプリントやお絵かきをしていたなら、「えらいなあ、かしこいなあ。2年生とは思えないなあ。3年生の力があるよ」としっかりほめます。決して、できて当然だと思わないことです。

◎席から離れていたり、課題以外のことをしていたら？

　次のように子どもたちに言います。「席に着いていた人は立派です。えらいです。明日も今のように静かに勉強をして先生を待ちましょう」

　次に、強い口調で言います。「先生が来たとき、席から離れて立っていた人、あわてて座った人、立ちなさい。席に着いて勉強をすることになっていましたね。どうして守れないのですか」少しト

ーンを押さえて「２年生として恥ずかしいです。これから、ちゃんとできますか？ できるという人は座りましょう」

　子どもたちは、神妙な顔をして座ります。「みんなの前で約束しましたよ」と念押しをします。このようにして、学習規律をつけていきます。

　新学期の３日間は、子どもたちに課題を与えて、それをさせ、ほめることによって、学習技能や学習規律を身につけさせていきます。**ほめることは、自分たちのした行為や行動が正しいんだよ、これからも続けるんだよというメッセージな**のです。

連絡帳は朝にチェック！

おはようございます

おはようございます

おはよう

連絡帳入れ
（開いて入れる）

◆男女別に提出したほうが連絡帳が高くなって崩れることがない。

★朝学習の教材は？☆

『モジュールプリント』（フォーラム・A)は１年から６年まで各１冊。
10〜15分の所要時間設定で100日分ある。１学期は１年の復習をさせたいので、１年生版を利用した。他学年でも１か月〜１学期間は朝学習に１学年下のものを使うと復習の効果が上がる。

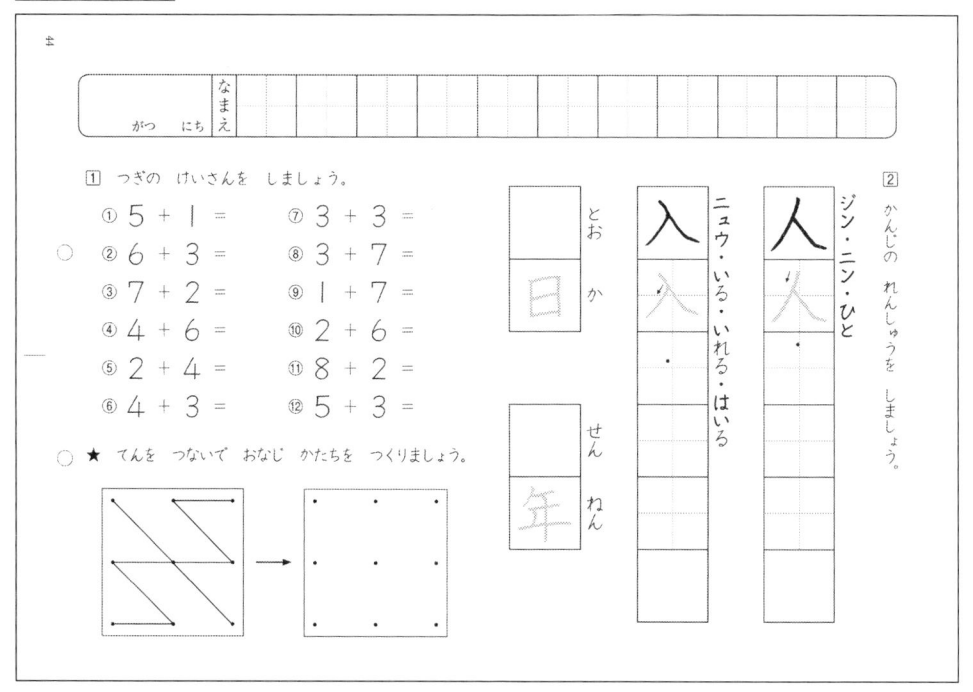

土

| がつ | にち | なまえ | | | | | | | | | | | | | | |

① つぎの けいさんを しましょう。

① 5 + 1 =　　⑦ 3 + 3 =
② 6 + 3 =　　⑧ 3 + 7 =
③ 7 + 2 =　　⑨ 1 + 7 =
④ 4 + 6 =　　⑩ 2 + 6 =
⑤ 2 + 4 =　　⑪ 8 + 2 =
⑥ 4 + 3 =　　⑫ 5 + 3 =

★ てんを つないで おなじ かたちを つくりましょう。

② かんじの れんしゅうを しましょう。

人　ジン・ニン・ひと
入　ニュウ・いる・いれる・はいる
日　とおか
年　せんねん

朝学習は学習規律をつける第一歩

２年生　２日目

2日目の1時間目

国語　教科書を使って

★時間配分の目安★
5分　教科書をおろす
20分　音読
20分　視写

新学期のできるだけ早いときから、授業に入ります。1時間目は国語です。

(1) 教科書の音読

2年生の最初の授業は、国語の教科書の音読です。まず、表紙を開いて、しっかり折り目をつけさせます。ここで教科書に記名されているか確認します。もし書いていない子がいたら、教師が書いてやります。

とびらの詩を学習します。教科書によっては、とびらに詩が載っていないものもあります。そういう場合、一番初めに掲載されている詩がよいでしょう。

「たんぽぽさんって、
　まぶしいのね。
　ひまわりさんの　子で、
　お日さまの　まごだから。」
と、ちょうちょうが　きいた。
たんぽぽは、
　うふんと　わらった。　（光村図書）

「みんなで読みます。さん、ハイ」と言って教師の範読なしで、子どもたちに読ませます。背筋を伸ばして、ここでは教科書をきちんと両手で持って読んでいる子をほめます。足の裏を床につけている子もほめます。

このように、学習を進めるときには、

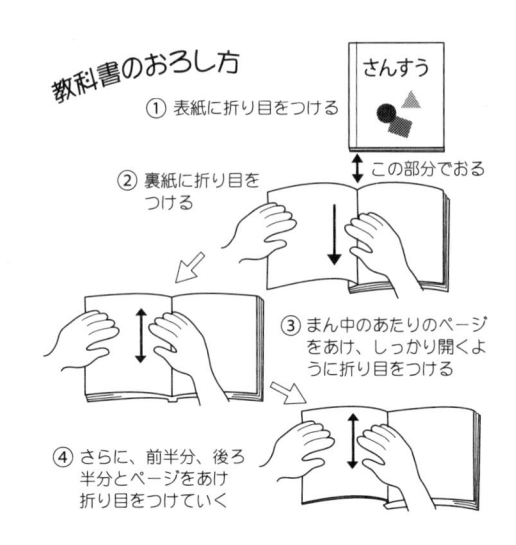

教科書のおろし方
① 表紙に折り目をつける
　　この部分でおる
② 裏紙に折り目をつける
③ まん中のあたりのページをあけ、しっかり開くように折り目をつける
④ さらに、前半分、後ろ半分とページをあけ折り目をつけていく

◆折り目のところに字が隠れないよう、教科書をきちんとおろさせます。

ほめながらルールを教えていきます。

「上手に読めましたね。でも、一つだけ読みまちがっているところがあります。どこかわかりますか？」

子どもたちは、「点で止まってない」「点でないところで止まっている」「みんなの声がばらばら」などと言います。

教師は「ちがいます。4行目の読み方がまちがっているのです」と言って、もう一度「おひさまの　まごだから。」を読ませます。子どもたちは「まごだから。↘」と語尾を下げて読みます。

「ちがいます。どう読めばいいのでしょう」と聞くと、「ちょうちょうがきいたの。だから『まごだから。↗』と上げて読む」と答える子がいます。

● 座って音読の正しい姿勢

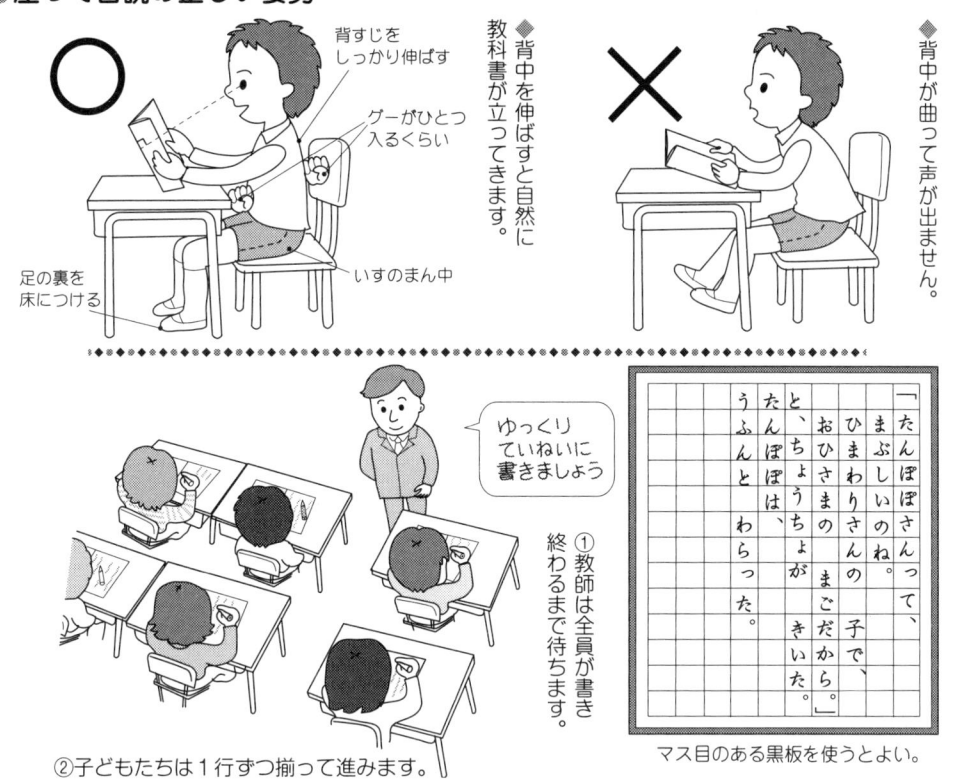

- 背すじをしっかり伸ばす
- グーがひとつ入るくらい
- 足の裏を床につける
- いすのまん中

◆ 背中を伸ばすと自然に教科書が立ってきます。

◆ 背中が曲って声が出ません。

ゆっくりていねいに書きましょう

① 教師は全員が書き終わるまで待ちます。

② 子どもたちは1行ずつ揃って進みます。

```
「たんぽぽさんって、
 まぶしいのね。
 ひまわりさんの
 おひさまの
 ちょうちょがまごだから」
 と、ちょうちょがきいた。
 たんぽぽは、
 うふんと
 わらった。
```

マス目のある黒板を使うとよい。

「すごい！ よくわかったね」と言ってみんなで読みます。（答える子が出ない場合は、「聞いた？ 最後は下げるの？ 上げるの？」と聞きます。）

このあと、「もっと、上手に読める方法を教えます」と言って、

　教師　　「たんぽぽさんって」
　子ども　「たんぽぽさんって」
　教師　　「まぶしいのね。」
　子ども　「まぶしいのね。」

と、1行ずつ教師の読む後について子どもたちに読ませます。このような練習方法を「連れ読み」と言います。連れ読みは、教師の読みが耳に残っているのと、全員で声を揃えて読むので、音読の苦手な子も、大きな声を出すことができます（69ページ参照）。

何度か連れ読みをしたあと、みんなで一斉読みをします。授業の始めの音読よりも随分うまくなっています。

(2) 視写

次に、ノートにこの詩を写します。

教師も黒板に書きます。このとき1行ずつみんなでペースを合わせて書いていきます。連絡帳と同様にこの日ここで書いた字が、これからの基準の字になるのです。

時間があれば、ノートの余白に、たんぽぽの絵を描かせたり、「たんぽぽ、ひまわり、お日さまの同じところは何でしょう？」という発問もしたりするのもいいでしょう。

教科書を使った授業を早く始めよう

2日目の2時間目

算数　まるつけ技能と実態調査

★時間配分の目安★
5分　実態調査
20分　まるつけ
10分　フラッシュカード

(1) 計算力実態調査をする
（実態調査プリントは60ページに）

1年生の計算のおさらいプリントで、子どもたちの実態調査をします。時間は5分程度かけます。たし算10題、ひき算10題で、くり上がり、くり下がりが入った問題をさせます。チェックすることは以下です。

・答えが正しく出せているか

・淀みなくできるか

・指を使っていないか

1年生の算数の重要課題の一つは、指を使わないでたし算とひき算ができることです。問題に取り組んでいる様子を注意してみましょう。

調査は5分で終了、自分でまるつけをさせ、回収し、採点します。各自の傾向を「くり下がり×」などと教務必携などに簡単にメモします。メモは基礎計算練習を始めるときに役立てます。

(2) まるつけ技能の習得

1年生ではプリントの答え合わせを先生にやってもらっていた子どもたちが多いと思います。進級を機会に、自分でまるつけができる技能を育てます。

「2年生からは自分でまるつけをします。先生の答えを聞いて、合っていれば○、まちがっていれば×をして横に正しい答えを書きます」と言って始めます。

① 黒板にはプリントの問題を2題書いて、○をつける場合と×をつける場合を実際に示します。このとき○は黄色のチョークでつけます。これは赤色のチョークでは黒板の緑色の地には見えにくいからです。案外無意識に赤色を使っていることがあるかもしれませんが、子どもによってはほとんど識別できない場合があるので、気をつけましょう。

② 子どもたちは赤鉛筆を使用させます。このとき○は、答えを囲むように、また最後まで閉じるように教えます。

③ 最初ですから、ゆっくり答えを読み

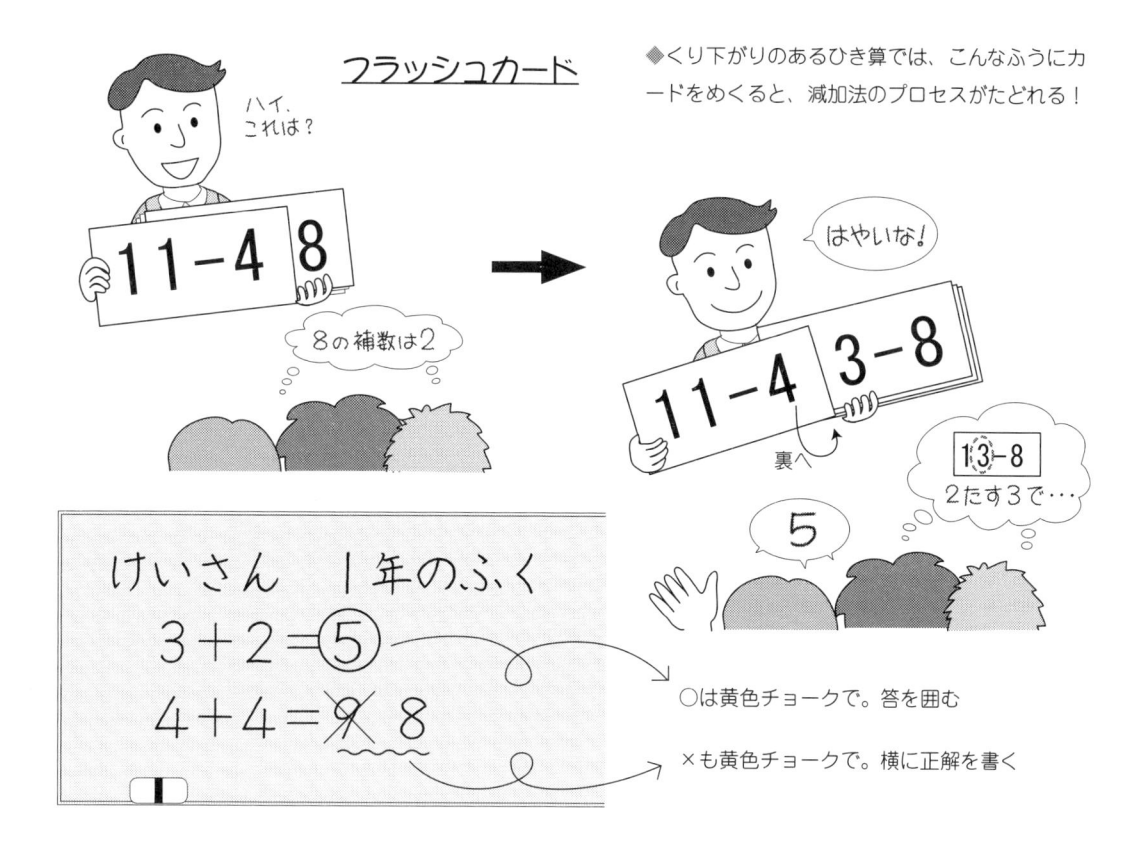

フラッシュカード

ハイ、これは？
11-4 8
8の補数は2

◆くり下がりのあるひき算では、こんなふうにカードをめくると、減加法のプロセスがたどれる！

はやいな！
11-4 3-8
裏へ
13-8
2たす3で…
5

けいさん　１年のふく
3＋2＝⑤
4＋4＝✗ 8

○は黄色チョークで。答を囲む
×も黄色チョークで。横に正解を書く

上げ、合っていれば、「はいっ」と言わせます。

④　不正解は消さずに、横に正解を赤鉛筆で書かせます。

　最後に「自分でまるつけができた人？」と聞くと、ほとんどの子の手が挙がるでしょう。「すごい！自分でまるつけができるなんて３年生みたい。すばらしい」とほめます。このように、ほめながら新しい学習技能を身につけていきます。

　自分でまるつけができるようになると、教師の負担がずいぶん減ります。子どもたちも、自分のまちがいがすぐにわかるので学力がつきます。ですから、まるつけ後回収したプリント類は当日か翌日に返却し、やり直すよう指導します。

(3)　フラッシュカードで計算練習

　実態調査の答え合わせが終わったら、フラッシュカードで計算練習をします。みんなで答えたり、一人ずつ答えさせたりします。

　２年生で学習する２けたのたし算、ひき算の予習のために、その学習がスムーズに進むように、１年生で学習したくり上がりのあるたし算、くり下がりのあるひき算のおさらいに、第１日目から取り組みます。一人ずつで答えさせるときには、「答える友だちより速く答えを心の中で答えましょう」と指示します。

　フラッシュカードは、この後も算数の授業の最初に使って、子どもを集中させるアイテムにします。

まるつけの仕方を覚えさせる

● **2日目の3時間目**

学級活動　日直・当番・係を決める

（1）　日直は男女1人ずつ

日直の仕事は通常次のものがあります。

- 窓を開ける
- 朝のあいさつ
- 黒板の字を消す
- いただきます、ごちそうさま
- 帰りのあいさつ
- 窓を閉める
- 電気を消す
- 戸締まりをする

当番活動には、上の日直の活動のほかに、掃除当番、給食当番などがあります。

日直や掃除、給食などの当番活動は、学級がスムーズに動くことがおもなねらいです。

一方、係活動は学級のみんなを楽しくさせたり、学級がより過ごしやすくしたりする活動です。図書係、レクレーション係、飼育係などがあります。

当番活動と係活動は区別しなければならないものですが、2年生では、当番活動と係活動は未分化なことが多いです。

一人一役で当番の仕事を分担すると、だれが何をするのかがはっきりして、活動が活発になります。

たとえば、日付、窓、花、電気、カーテン、学習、お助け、お休み連絡、生き物、まるつけなどの当番と、給食当番や掃除当番を組み合わせると、1日一人一役の分担ができるでしょう。1年生のときの係や当番を参考に考えます。はじめは、出席番号順に2週間交替にします。

楽しく便利なこんな掃除当番表

左は、名前と仕事を移動させるやり方。班の中でもほうき、ぞうきん、ちりとりと細かく移動させることができる。上は子どもの名前が移動。

2日目の4時間目

学級活動　給食当番の決め方と給食指導

(1) 給食当番の決め方

4時間目は、給食当番を決めます。

給食は地域や学校によってちがいはありますが、おおざっぱに言って、給食当番は、大おかず、小おかず、パン（ごはん）、食器、お盆、牛乳を分担して給食室から教室に運ぶのが基本です。

配膳は、子どもたちが順番に当番の前に並んでおかずやパンなどをお盆に取っていくカフェテリア方式と当番が配っていく配膳方式があります。

当番は学校やクラスの人数などの実態に応じて決めましょう。

大おかず2人

小おかず2人

パン（ご飯）2人

食器2人

おぼん2人

牛乳4人

配膳台ふき2人

お手伝い2名　計18人です。

これがぼくの学級の人数分担です。学級を二つに分けて、1週間交替にしています。

もし、人数に余裕があれば「お手伝い」という係分担をぜひつくってください。給食当番の子が休んだり、給食当番の子の分の配膳をしてもらったりできます。

(2) エプロンをたたむ練習

当番が決まったら、エプロンをたたむ練習をします。「エプロンをたたみましょう」と口で言うだけでは、なかなか身につきません。エプロンを丸めて、袋に突っ込む子が続出します。実際にたたみ方を教えてさせます。エプロン袋が、ぺちゃんこになっていれば合格です。

この日ははじめての給食ですから、少し余裕を持って、チャイムが鳴る10分前から準備を始めます。そして早めに給食室に向かいます。

最初の給食は給食室の混雑をさけて早めに準備

（3） 配膳の仕方—教師が仕切る

ぼくの学級のルールです。

配膳は、全員均等に配り、「いただきます」のあと、多いおかずや苦手なおかずを減らします。減らした残りのおかずは、全部食べるように努力します。

パン（ごはん）を半分食べた子から、「汁物」のおかわりができます。「数物」（フライ物やデザートなど）は、希望者がじゃんけんで決めます。希望者が多いときは、半分にできるものは半分にして、多くの子どもにいくようにします。

ここで大切なのは、**おかわりや残ったおかずの分配は教師が仕切る**ことです。ほっておくと、学級のボス的な子どもが恣意的に扱うようになり、公平性がなくなり、力の支配につながります。食べ物の分配の場面では、子どもにイニシアチブを握られてはなりません。

ごちそうさまの5分前になったら、机を元に戻して、会話をやめて残りの給食を食べます。ぼくの学級では「もぐもぐタイム」と呼んでいます。

食べ終わった子は、自分の席で、読書かお絵かきなどをさせます。自分の席で過ごすのが基本です。

（4） 好き嫌いに対応する

かつては給食を残さず食べさせるという「指導」がありました。ぼくの子ども時代にも経験があるのですが、掃除時間が始まっても給食が食べきれずに、机を後ろに下げて、掃除中も食べていたことがあります。苦手なメニューのときは、朝から憂鬱でした。

今はそのようなことをさせる教師はいません。しかし、何も指導をしなければ、安易に苦手なおかずを残してしまい、残食が多く出てしまいます。嫌いなものを無理やり食べさせることはありませんが、ちょっと背中を押して食べられるようにする必要はあると思います。

できるだけ残さず、均等に盛る、苦手なおかずは食べられるそうな量に減らす、減らした分は食べるという程度の背中の押し方は必要だと思います。

減らした子も含めて、給食を残さず食べられた子をほめることも大切です。「給食を全部食べられた人？」と聞くと、大勢の子の手が挙がるでしょう。「すごい！」とほめます。残してしまった子を叱ってはいけません。食べられなかった子も、明日は頑張ろうという気持ちになっています。

新学期は、子どもの新鮮な頑張りに依拠し、できたことをほめながら、できなかった子を巻き込んで、課題をやり遂げていきます。

ただし、特定の食材にアレルギーのある子、体調の悪い子もいます。そういう意味でも朝一番の連絡帳点検は重要です。とくに**食物アレルギーは重篤な事態を引き起こすこともあります**から、軽視は禁物です。

給食当番表①

46ページの掃除当番表の給食バージョン。
名前カード、仕事カードはそれぞれラミネートします。
名前カードはフックで網にひっかけます。

給食当番表②

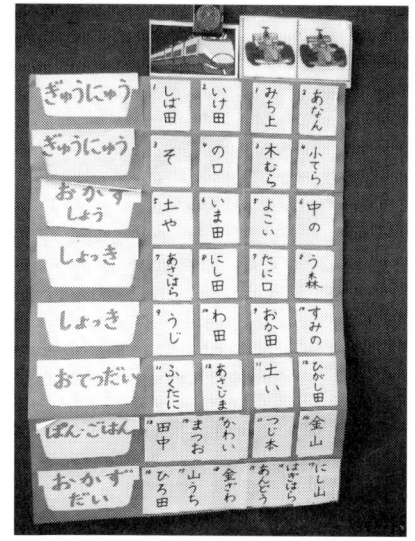

①とちがって、仕事が移動します。メンバーは固定しています。「しんかんせん・チーム」と「スポーツカー・チーム」と名づけました。1週間ごとに当番は交替し、2人組のペアはしばらく固定です。

ちりとり

ぞうきん

ほうき

おたすけ

しょうおかず

だいおかず

ぎゅうにゅう

ぱん・ごはん

★2日目の掃除★

あらためて掃除する必要はないと思います。ゴミが落ちていて気になるようなら、「一人10個拾いましょう」と言って子どもたち拾わせましょう。ゴミ箱に入れる前にチェックします。みんな律儀に10個拾ってくれます。

給食の場面では教師がボスになって仕切る

2年生　2日目

3日目の1時間目

国語　漢字実態調査

★時間配分の目安★
15分　実態調査
25分　新出漢字練習
5分　音読

(1) 1年生の学習漢字の実態調査
（問題はプリントは136ページに）

　子どもたちの漢字習得の実態をつかむため、1年生の学習漢字のおさらいプリント（20字）をします。

　1年の学習漢字は80字ですが、20字のテストで十分一人ひとりの習得傾向がわかります。正答だけでなく、字形が整ってるか、ていねいに書けているかなどをチェックします。一般にていねいに書けている子どもは、習得率の高い傾向があります。反対になおざりに書いている子は、注意が必要です。

　正答率が低い場合は、1年生のおさらいをより多くします。字形が乱れている子が多いときは、**「なぞり書き」**や**「写し書き」**をより重視した漢字指導をその後の授業で行います（写し書きとなぞり書きについては後述）。

　このように、実態調査を2年生の漢字指導にいかします。

(2) 漢字学習

❶ 新出漢字の指導の手順

　新出漢字の学習をします。ポイントはていねいに書くことを重視することです。漢字ドリルを使って教科書に出てくる順に1日2字ずつ教えます。

　光村図書の教科書では「光」と「雪」が始めです。次のように授業をすすめますが、手順はどの漢字でも同じです。

　黒板に「光」と書きます。「音読みはコウ、訓読みはひかりです。画数は六画です。熟語を読みます。日光、光線、光がさす」

　子どもたちはみんなで声を揃えて読みます。次に空中書きです。そのあと「手本を指でなぞりましょう」と言って、子どもたちに鉛筆を持たせないで、指書きをさせます。

① 空中書きをする。
② 手本を指でなぞる。
③ 手本を見ながら、机に指で書く。
④ 自分の指を見ながら、机に指書きをする。このとき「机の上に文字が浮かんでくるようにしっかりなぞりましょう」と指示をする。
⑤ 目をつぶって指書きをする。この段階になると、もうその漢字を覚えてしまっている子もいる。
⑥ 鉛筆を持って手本をなぞり書き。ポイントは手本を1ミリもずれないこと。その気になれば、みんなができる課題です。ていねいにゆっくり書かせる。
⑦ 次は写し書き。手本を見ながら、手本とそっくりに漢字練習帳に書きます。

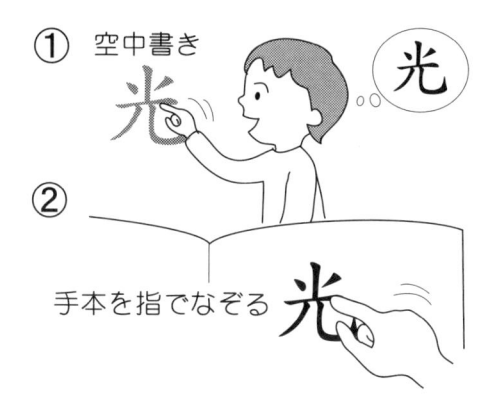

① 空中書き
② 手本を指でなぞる
③ 手本を見ながら、机に指で書く
④ 手本を見ずに、机に指書き
⑤ 目をつぶって指書き
⑥ 鉛筆で手本をなぞり書き

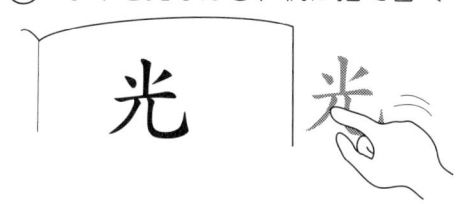

　指書き、なぞり書き、写し書きの順序にしたがって漢字練習をします。どれも大切な手立てですが、とくに重視しているのは指書きです。指書きは、鉛筆を持って紙に書かないので、漢字が苦手な子にも抵抗なくできます。ちょっとした時間にでもでき、小テストの直前にも「指書きで、最後のテスト勉強をしましょう」ということがあります。
　「雪」も同じ手順で学習。雪の四つの点の打つ方向や３画目の払い方など、つまずきやすいところをあらかじめ知っておくことも大切です。

❷ **最初の漢字指導は時間をかけて**

　はじめての漢字学習は、１字に10分から15分かけても差し支えありません。ていねいに書くことを身につけるさせることがねらいです。最初の２字をていねいに書くと、明日もきれいに書こういう気持ちになります。今日書いた字が、これからの基準になるのです。

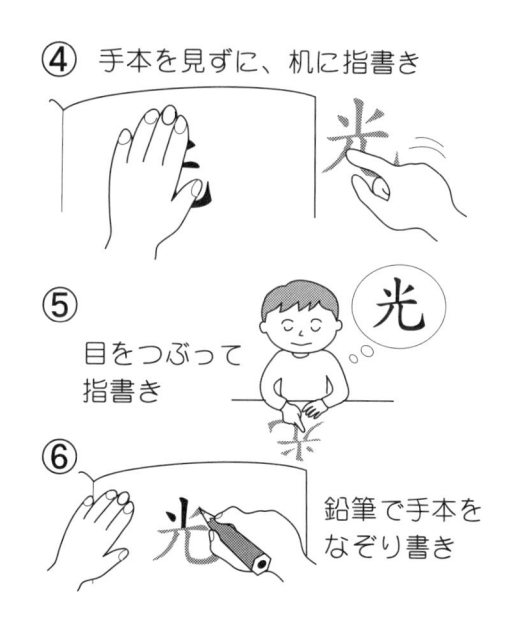

(3) **最後は音読**

　次に音読です。まず、教科書の最初の教材の全文を教師が範読します。そのあと、連れ読みをします。
　教師　　「ふきのとう」
　子ども　「ふきのとう」
　教師　　「くどうなおこ」
　子ども　「くどうなおこ」
……
　１の場面の音読練習をして、授業を終わります。宿題は教室で読んだところにします。教室で練習をしているので、家でも上手に読めます。家の人にもほめてもらえます。本読みはある程度できるようにして、宿題に出すというのがセオリーです。音読カードは用意できていれば使います。

最初の漢字指導は一文字に10分かけてていねいに

2年生　3日目　53

3日目の2時間目

学級活動　自己紹介カードを書く

(1) 作品や作業の様子から子ども理解を

　自己紹介カードを描きます。自分の似顔絵や、好きな教科や好きな食べ物、好きなスポーツなどを書き込むようになっています。教育雑誌などにコピー資料が載っています。先輩の先生なら何種類か持っていると思います。学年で取り組むことも多いでしょう。

　新学期にクラスの子どもたちの趣味や特技など、その子の様子を知るのに適しています。どんな文字を書くのか、どんな色を塗るのか、ていねいに最後まで仕上げる子は誰なのかなどもわかります。

(2) 学習規律を身につける機会に

　このときを、学校で課題をするときには、黙ってするという学習規律を身につける機会にします。鉛筆や筆などを持つときはしゃべらないというのが基本です。

　ここでも、「静かにかいてるなあ。さすが○くみのみんなはかしこい！」とほめます。ほめて学習規律をしつけていきます。低学年ではとくに、「青木さんは静かにがんばっているなあ」と、名前をあげてみんなの前でほめると、少しおしゃべりしていた子も静かになります。

(3) 必ず掲示する

　最初の授業参観のときに保護者に見ていただく教室掲示になります。ていねいな字で書くこと、ていねいに色を塗るように指導し、誤字脱字は書き直させます。保護者が見たとき、誤字のないていねいな作品が掲示してあると、担任の指導に安心してもらえますし、なによりわが子の成長を喜んでもらえるでしょう。書き終わったら、教室の後ろに貼ります。

大切な学習規律

学校で課題をするときには
黙ってするという学習規律を
身につける

（じぶんの　かおを　大きく　かく）

名まえ＿＿＿＿＿＿＿＿＿＿＿＿＿＿＿＿＿＿＿

たんじょう日　＿＿＿＿＿＿＿＿＿＿＿＿＿＿＿

すきなたべもの　＿＿＿＿＿＿＿＿＿＿＿＿＿＿

すきなあそび・うんどう　＿＿＿＿＿＿＿＿＿

すきなべんきょう　＿＿＿＿＿＿＿＿＿＿＿
（こくごや　さんすう　など）

みんなにひとこと　ごあいさつ！

２年生　３日目

3日目の3時間目

体育　整列練習とゲーム

★時間配分の目安★
20分　着替えと移動
10分　並び方
15分　ゲーム

(1) 着替えの指導をする

この日の体育のねらいは二つです。
①楽しいゲームを通じて体育の楽しさを味わわせる。
②体育時の並び方などのルールを教える。

まず、教室で体操服に着がえます。普段着は、きちんとたたんで机の上に置きます。

最初が肝心です。初日は、みんながきれいに服をたためるまで、少し時間を取ります。高学年よりむしろ、2年生ぐらいのほうが指導がしやすいと思います。1年生のときから、服をたたむ習慣がついている子どもも多いかもしれません。

みんなの服が机の上に、きれいにたたんで置いてある様子は、美しいです。「きれいだね。気持ちいいね」と子どもたちに伝えます。

この日は男女2列に並んで体育館に向かいます。このとき体育館に入ったら、バスケットコートなどのラインに沿って2列で並ばせ、座らせます。

なお、次回からは体育館の入口前で並んで待ち、必ず教師といっしょに入らなければならないことを説明し徹底します。学校のルールになっているかもしれませんね。子どもたちだけで体育館に入れると、走り回ってとび箱などの体育用具でけがをしたりする危険があります。

◆教室の後ろで男女2列身長順に並ばせます。

「まず男の子だけ
背の順に並んでください。
だいたいでいいですよ。
先生が調整します。」

★列を作って移動するときの合い言葉

「列は右側通行、走らない、
　間をあければ　列じゃない」

(2) 並び方を学習する

　まず、2列、4列の並び方の練習をします。男女でどちらが早いかゲーム的な要素を入れるのもいいでしょう。

　「体育館の壁にタッチしてから、先生の前に身長順で2列に並びます。よーい、ピッー」と合図をしてから、並ばせる方法もあります。

　このときに遠足の集合写真の並び方の練習もするようにしています。男女をそれぞれ三つに分けて、前列は体育すわり、中列は中腰、後列は立って写真に収まるという並び方を練習します。集合写真並びを練習しておけば、遠足のとき写真を撮るために時間をとってしまったり、教師が声を荒げてしまうことをさけることができます。

(3) ゲームをする

　後半は、楽しいゲームです。おすすめは「変形うずまきじゃんけん」（31ページ参照）です。

　二つのグループに分けて、体育館のラインの上を走り、出会ったところでじゃんけんをし、勝った子が相手の陣地に向かって進んでいきます。

　ほかに、手つなぎおに、こおりにも楽しいでしょう。球技ではドッジボールが男子にとくに人気があります。しかし、個人差があって、中にはボールを投げるのが苦手な子や速いボールがこわい子もいます。ドッジボールをする場合はソフトミニバレー用のボールを使ってすると、苦手な子も比較的楽しめます。

◆写真並びの列

出発前の整列は教室の中でしてから

3日目の4時間目

図書の時間

★時間配分の目安★
5分　使い方指導
5分　本を選ぶ
20分　読書
15分　読み聞かせ

(1) 図書室の使い方を指導

　図書室に行きます。子どもを出席番号順に席につかせたら、図書室の約束を伝えます。約束は、
①始めの5分間で本を選ぶ。
②座ったらしゃべらない、立ち歩かない。
③20分間静かに読書する。

　新学期の最初の図書の時間ですから、20分間静かに読書をさせます。

　教師の学級事務があると、そのときにすることもできます。

　静かに読書ができるしつけは、子どもにとっても、教師にとっても大切です。普段から、教室でも身体測定などで生じる「すき間の時間」や課題を終えた後には、読書をさせて待つことができるよう習慣をつけたいものです。静かで落ち着いた時間が流れます。

(2) 学年はじめにふさわしい読み聞かせを

　最後に『しょうぼうじどうしゃじぷた』（渡辺茂男さく山本忠敬え、福音館書店）の読み聞かせをします。

　大きな火事で大活躍する、はしご車ののっぽくん、高圧車のばんぷくん、救急車のいちもくさんに比べて、古いジープを改良したちびっこ消防車のじぷたは消防署の中でも、出番が少なく寂しい思いをしていました。町の子どもたちにも人気がありません。でも、ある日山火事が起こったとき、じぷたはその性能と特長を生かして、大活躍をします。

　じぷたの読み聞かせを通じて、どの子にも、それぞれのよさがあるのだよというメッセージを送りたいと思っています。

★何を読もうかなと子どもが悩んでいたら　2年生にすすめたい本

『ありがとうともだち』内田麟太郎・文／降矢なな・絵／偕成社
『オオカミだって…！』ベッキー・ブルーム・作／中井貴恵・訳／あかね書房
『さかさのこもりくんとてんこもり』あきやまただし・文絵／教育画劇
『きつねのおきゃくさま』あまんきみこ・文／二俣英五郎・絵／サンリード
『どうぶつえんガイド』あべ弘士・文絵／福音館書店
『ダンゴムシ』今森光彦・文写真／アリス館

『王さまと九人のきょうだい』君島久子・訳／赤羽末吉・絵／岩波書店
『おまえうまそうだな』宮西達也・作絵／ポプラ社
『としょかんライオン』ミシェル・ヌードセン・文／ケビン・ホークス・絵／福本友美子・訳／岩崎書店
『すてきな三にんぐみ』トミー・アンゲラー・作／いまえよしとも・訳／偕成社
『歯がぬけた』中川ひろたか・文／大島妙子・絵／PHP研究所
『ぼくがラーメンたべてるとき』長谷川義史・文絵／教育画劇

学級通信 No.1 2年3組

平成三十年 四月八日

進級おめでとう！

進級おめでとうございます。1年生の入学式では、とてもすばらしい声をきかせてくれました。ほかの先生がたも、とても感心していました。あたらしい○○小学校にきたところですので、どんな子たちなのかな、と不安な気持ちもありましたが、とてもかわいく元気な子たちで、これから楽しみです。

担任自己紹介

はじめまして、名前は○○○○です。○○○○小学校というところから転任してきました。昨年度は6年生を担任していました。

子どもたちがのびのびと、自分らしく学校生活をおくれるようなクラスにしていきたいです。

よろしくお願いします。

学級通信について

学校のようすや子どもたちの作文などを伝える、学級通信を出していきたいと思います。できるだけ子どもたちにも読めるような書き方（ひらがなが多かったり…）をしていくつもりですので、少し読みにくいところもあるかと思いますがおつきあいください。

ときおり、お子さんと一緒に読んでいただけたらうれしいです。

けいさん
1年のおさらい

くみ（　　　　　　　　）

＿＿＿てん

① 3＋2＝
② 4＋4＝
③ 1＋6＝
④ 7＋7＝
⑤ 4＋8＝
⑥ 9＋5＝
⑦ 5−2＝
⑧ 8−4＝
⑨ 9−6＝
⑩ 15−7＝

⑪ 12−3＝
⑫ 17−8＝
⑬ 5＋2＝
⑭ 7−3＝
⑮ 14−8＝
⑯ 6＋7＝
⑰ 15−6＝
⑱ 7＋5＝
⑲ 8−2＝
⑳ 4＋3＝

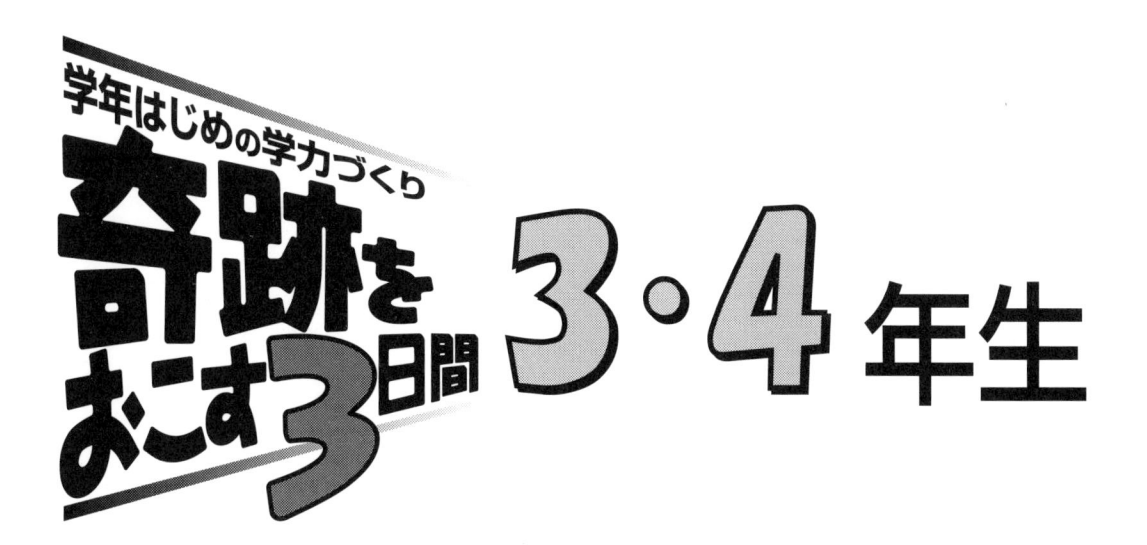

学年はじめの学力づくり
奇跡をおこす3日間 3・4年生

時間＼日	0日目	1日目	2日目	3日目
1	準備	始業式 学級開き	朝学習 1年生を 迎える会	朝学習 計算・漢字 実態調査
2			学級活動	学級活動 自己紹介
3			国語 漢字指導	国語 ノート指導 と音読
4			算数（と 給食指導） 100マス計算	図書の 時間
5			学級活動 係のポスター づくり	算数 授業の 組み立て

0日目　準備
新鮮なスタートを演出

(1) 子どもが新鮮な気持ちでスタートできように

　3年生、4年生は最も小学生らしい時期です。

　3年生の頃は、見るもの聞くもの何にでも興味をもち、好奇心いっぱいで活発に動き回る「ギャングエイジ」とも呼ばれる時期です。

　また、4年生は自己中心性が残る3年生と比べ、徐々に友だちや周りの状況を考えることができ、自分のことも客観的にみることができるようになります。親離れも始まり、保護者から「生意気になってきた」「理屈をこねる」という声が聞かれるようになります。

　3、4年生とも、子ども同士のトラブルも多いですが、自分たちの力で解決させるように導くことで大きく成長できる時期です。子どもたちも学校生活について十分慣れてきているだけに、新鮮な気持ちで学級づくりをスタートさせることが大切です。

(2) 始業式までに準備したいこと

① 名簿を見ながらでも子どもの名前をまちがえずに言えるようにする。
② 教室の靴箱、ロッカー、傘立てに番号のシールを貼っておく。
③ ノートを用意し、3日間のおおまかな流れを書く。

　本書を参考にし、学校の学年はじめの予定表も見ながら1日見開き2ページに流れを書いていきます（35ページ参照）。

④ 指導の基本方針、クラスのルール、学習のルールを自分なりにまとめる。
⑤ ノートを用意し、「子どもノート」とする。1ページに一人の子をメモできるようにする（16ページ参照）。
⑥ 子どもの提出物やテストの点がチェックができるような名簿。
⑦ 児童のクラス分け一覧表
⑧ できれば学級だより第1号（担任の自己紹介、方針・願いを書く）。

　準備できたら、チェックしましょう。

伸びる No.1 3年1組 4.8.

三年生がスタート!

三年生進級おめでとう。

今日から三年生がスタートです。三年生は、ヤッターマンです。計算がはやくなってヤッター！本読みがうまくなってヤッター！走りがはやくなってヤッター！友だちと楽しく遊んでヤッター！と、次々とできることが増えて、ヤッター！とよろこび合う時期です。

先生は、そんな三年生が大好きです。

一人のがんばりがみんなのがんばりにつながり、みんなのがんばりが一人一人のがんばりにつながる、そんなクラスにしていきましょう。みんなでかしこくなるクラス、みんなが助け合うクラス、みんなと仲よくなるクラス、みんなの思い出に残るクラス、そんなクラスをみんなで作っていきましょう。

どの子も伸びる

先生は、「どの子も伸びる」という言葉が大好きです。苦手なことがあっても、みんなといっしょに努力すれば必ずできるようになります。苦手なこと、できないことがわからないことがあることはけっしてはずかしいことではありません。むしろだんだんできることが増えていってうれしさ百倍になっていきます。そう、どの子も本当に伸びるんですよ。大事なことは、あきらめないでみんなと努力することです。

係を決めます

あす、クラスの係やリーダーを決めるので考えておいてください。

自己紹介

図書啓展

好きな食べ物…串かつ、おすし
好きなスポーツ…卓球、水泳
誕生日…7月1日
家族…妻と子ども2人
モットー…きびしく楽しく
得意なこと…耳と鼻が動く？

●おうちの方へ●
・連絡帳は毎日見ていただき、サインをお願いします。
・明日から給食があります。

🖐 子どもの名前はまちがわない

3・4年生　0日目

● 1日目　始業式

学級開き　出会いで姿勢を示す

★時間配分の目安★
10分　席につかせる
10分　配付物を配る
10分　子どもへの話
10分　音読
10分　連絡帳

いよいよ始業式です。ただでさえ忙しい1日です。実務を効率的に進めて、学級指導の時間を生み出すことが大切です。

(1) 式場でクラス分けの発表をする場合――名簿を配って効率的に

始業式が終わると、クラス分けの発表になります。ここで事前につくっておいた新しいクラスの名簿を配ります。

子どもたちは「担任の先生は誰か」「友だちと一緒のクラスか」とドキドキしています。クラス分けにはいろいろやり方がありますが、効率的に進み学級指導の時間が生み出せるのは、この新しいクラスの名簿を配る方法です。ただし名簿は教室で回収します（クラス分けが保護者の苦情の対象になるのを防ぐためです）。

「名簿を見て、1組は右、2組は真ん中、3組は左に集合。名簿順に並びます」と指示して新しいクラスごとに集合させます。担任が先頭になって教室まで連れて行きます。

なお、始業式の前にクラス分けの発表をしている学校では、式の後すぐ子どもたちと教室へ向かいます。

(2) 実務を効率的に進める

❶ 靴箱・座席・ロッカーを決める

1日目は短い時間にやることが山積みです。効率的に進めましょう。

まずすることは、各自の靴箱・座席・ロッカーを決めること です。

教室に入るときに、下靴を自分の出席番号のシールを貼った靴箱に入れさせます。番号は始業式で配った名簿で確認させます。（朝、クラス分けがすんで教室

から始業式に参加している場合は、番号の所に入っているか確認し、指導します。）

次に、教室の後ろの方に集めて、名簿順に名前を呼び、座席に座らせていきます。座席は名簿順です。そのとき、必ず「はいっ」と元気に返事をするように言います。もし、小さい声ならやり直しさせ、「元気に言えたね」とほめます。

「みんなのことを早く知りたいのでしばらくは名簿順に座ります。この座席は5月までです。家庭訪問が終わったら席替えをします」と話し、障害を持つ子や視力が弱い子など、配慮すべき子の座席を前にする調整をして座席を決めます。

そして、番号のシールを貼ったロッカーに荷物を入れさせ、自分のロッカーを確認させます。

❷ 配付物を配る

全員が着席したら配布物を配ります。始業式は配布物が大変多く、けっこう手間取ります。

そのうえ配った先から床に落とす子もいます。そこで誰のものかすぐわかるように、配布物のプリントの右端に**出席番号を書かせる**癖をつけさせます。これは、提出物の回収でも並べやすく、チェックしやすいので、忙しいスタート時にはとくにおすすめです。

次に教科書を配ります。「最高の字で名前を書いていきなさい」と指示して配っていきます。家で書かせると書き忘れる子が出るためです。名前ペンで書かせ

実務を効率的に進めて学級指導の時間をつくる

3・4年生　1日目

ます。持ってこなかった子のために何本か用意しておきます。

(3) 担任の姿勢を示す

いよいよ第1日目にすべき中心テーマに入ります。それは「出会いで担任の姿勢を示すこと」です。

❶ 自己紹介

私は黒板に「図書啓展」と書きました。「何と読むかわかりますか？」「としょ…、下がわかりません」などと子どもたち。「図書館の図書と書いてずしょひろのぶ、です」と正解を言いながら読み仮名を書いていきます。名前の話から子どもたちとのやりとりが生まれます。

「好きな食べ物はおすしと串カツです。好きなスポーツは卓球です。愛ちゃん（福原愛）が小さいときに練習していた卓球場に行ったこともあります。家族は妻と子ども2人です」

❷ 子どもへの願いを語る
＜ここからは学年にわけて紹介＞
　●3年生バージョン

「みなさんは今日、3年生になりました。3年生は、ヤッターマンです。計算が速くなってヤッター！ 本読みがうまくなってヤッター！ 走りが速くなってヤッター！ 友だちと楽しく遊んでヤッター！ と次々とできることが増えて、ヤッター！ と喜び合う時期です」

> 脳みその細胞の数はみんな同じです
> 必ず勉強ができるようになります
> 「こつこつ」「ていねい」「やりとげる」
> この中の一つにまず挑戦していきましょう

　●4年生バージョン

「低学年・高学年と分けると、みなさんは、今日、高学年になったんです。先生は、みなさんを高学年と考え、つき合っていきます。3年生とはちがうみなさんの姿が見られることを楽しみにしています。人間が一生で一番たくさんの言葉を覚えるのは何歳ごろだと思いますか？」

子どもたちからは、「赤ちゃんのとき？」などの反応があるでしょう。

「実は、10歳から12歳、4年生から6年生のころなんです。1年間に4千語は覚えることができます。また、漢字や文章を書く力がうんと伸びる学年です」

> 四月八日（火曜日）
> 日直
> 進級おめでとう
> 図書（ずしょ） 啓展（ひろのぶ）
> どの子も伸びる
> こつこつ
> ていねい
> やりとげる

＜左の学年別に続けます＞

●3・4年共通バージョン

「勉強がちょっと苦手だと思う人、手を挙げてごらん（約3分の2が挙手）。

大丈夫ですよ。人間の脳みそは140億の細胞でできています。コンピュータの1万倍です。みんな同じで変わりはないんです。今までうんと使ってきたかどうかのちがいしかないんです。先生やみんなと教え合い学び合いをすれば、必ず勉強ができるようになります」

ここまで語って、黒板に「どの子も伸びる」と書いて続けます。

「先生は、"どの子も伸びる"、という言葉が大好きです。この1年でうんと伸びていくために、大事なことは三つあります。一つは"こつこつと毎日取り組むこと"（こつこつ、と板書）。二つめは、"ていねいに取り組むこと"（ていねい、と板書）。三つめは"最後までやりとげること"（やりとげる、と板書）。

この三つともできる人はまれです。この三つのうち一つでいいんです。一つできればどんどん伸びて行きます。先生はそんな子をいっぱい見てきました。まずは一つできるようにチャレンジしましょう。先生はうんと応援します」

このように、こんな子どもになってほしいという願いや可能性を語ります。

❸ 叱る基準を示す

また、叱る基準も示します。

「みんなに伸びていってもらうために、次のときは叱ります。

一つ目は、いじめをしたり、人に迷惑をかけても平気なとき。二つ目は、3度注意されても反省が見られないときです」

子どもたちの可能性を事実に基づいて語る

3・4年生　1日目

子どもたちはしーんと静かに聞くことでしょう。子どもたちとの出会いに、叱る話をしなくても、と思われるかもしれませんが、出会いのときだからこそ、担任の姿勢が子どもたちにスーッと入っていくのです。

❹ 得意技で締める

「でも、楽しいこともたくさんあります。先生はみんなと楽しいことをするのが楽しみです」と言って、ここで担任の得意技を披露します。

私は、「小学校２年生のとき、必死で練習してできるようになりました」と、その場で耳と鼻を動かします。子どもたちは大笑いです。これで雰囲気もやわらぎます。

「縁あって、こうしてみんな同じクラスになりました。みんなで賢くやさしく楽しいクラスにしていきましょう」と、締めくくります。

長々と演説をする人がときどきいるようですが、子どもの頭を素通りするだけです。大切なことは「方針を簡潔に示すこと」と「楽しさがあること」です。

(4) 子どものやる気を引き出す

❶ 教師の範読から連れ読みへ

１年で最もやる気に満ちたこの日を、音読をして学習のスタートにします。

「さっそくみんなで勉強していきましょう」と、この日配った新しい国語の教科書を開きます。扉に詩があります（光村図書）。扉に詩が載っていない教科書は、一番最初に掲載されている詩を使います。

「本を立てて、姿勢をよくして、口をしっかりあけて読んでいきます」

心をこめて範読した後、「先生の後をまねして読みなさい」と**連れ読み**をします。

教師　「わかばを見ると」
子ども　「わかばを見ると」
教師　「むねが晴れ晴れする」
子ども　「むねが晴れ晴れする」
教師　「ぼくら子どもも　ほんとは」
子ども　「ぼくら子どもも　ほんとは」
　　…

というように、教師の読んだ後をまねして斉読させるのです。

❷ 各自の練習から一斉読みへ

次に「各自で１分間練習します」と、**めいめい読み**をさせます。このとき、学習上配慮が必要な子がわかっていればそばで聞いてやり、再度連れ読みをするなど個別指導します。

その後、「となりの人と１行交代で読みます」と**二人読み**をさせます。最後に、起立させ、「みんなで一斉に読みましょう」と、**一斉読み**で仕上げをします。

１年のスタートにふさわしいすばらしい声が響き渡ります。

「うまい！　さすが３年１組です」

どの子も伸びる、ということをさっそく実感させるのです。子どもたちも満足そうな表情をしています。

連れ読み

① こつこつ ていねい (げる)
「わかばを見ると」

② 「わかばを見ると」

③ 「むねが晴れ晴れする」

④ 「むねが晴れ晴れする」

めいめい読み

二人読み
「わかばを見ると」「むねが晴れ晴れする」

一斉読み
（黒板：四月八日（火曜日）／国語／継続が／どの子も伸びる／こつこつ／ていねい／やりとげる）

「うまい！さすが３年１組です」

音読でさっそく伸びる自分を実感させる

３・４年生　１日目

❸ **連絡帳を最高の字で**

　連絡帳は、保護者と教師の架け橋です。ていねいに連絡帳を書かせることから、信頼関係を築く第一歩が始まります。

　「連絡帳は、最高の字で書きましょう。うまい子には、ノートの上の方にハンコを押しますよ」と呼びかけ、「４月８日火曜日、忘れ物、…」と１行ずつ読み上げながら板書していきます。

　　４／８（火）㊗
　（しゅくだい）国語の詩７回音読。
　（連らく）９枚。連らく帳に毎日サインをもらう。
　　　あすは国、算。
　　　お道具箱、体そうふく、漢字ドリル。

　音読カードは１日目は使いません。使い方の説明も必要なので、２日目から使用します。

　㊗の所には、忘れ物があったときは「ハンカチ」などとこれから赤で書かせます。忘れ物がなかったら、「🍐」と果物の梨の絵を描き、忘れ物なしの連続記録を数字で表すようにさせます。12日間連続忘れ物なしなら「🍐₁₂」となります。

　子どもたちはこのような遊び心が大好きです。「先生が担任した子の最高記録は『なし１９６』でした」というと「よーし」「がんばろ」などと声が上がりました。

　道具箱は、２年生時に使っていたものですが、色鉛筆・はさみ・のり・定規セットなどを入れさせます。足らないものは補充するように言います。

❹ **宿題は毎日**

　「今日の宿題は今日読んだ詩を７回音読することです。宿題は毎日出します。でも、難しいものは出しませんから必ずやり切りましょう。毎日やったぶんだけ賢くなって勉強がますますできるようになります」と話します。

　連絡帳は書けた子から教卓に持ってこさせハンコを押します。

　「うまいなあ」「ていねいですね」「前と比べてごらん。別人みたいですね」

　一人ひとりをほめていきます。これも「どの子も伸びる」という事実をさっそくつくり出すというねらいがあります。

　帰ってから、子どもの連絡帳のていねいな字を見て、保護者もびっくりします。音読も聞いてもらい、家でもほめられての新しいスタートになります。これで子どものやる気がさらに増すのです。

★１日目から保護者も巻き込んで「どの子も伸ばす」を実践

2日目の1・2時間目

1年生を迎える会と学級活動

★時間配分の目安★
20分　1年生を迎える会
20分　提出・宿題確認
20分　班・日直当番を決める
30分　係を決める

　2日目にすることは、クラスの組織づくりと生活・学習のルールづくりです。

(1) 朝学習を指示する

① 漢字ドリルの微音読

　朝、教室で子どもたちを迎えます。職員打ち合わせで職員室に行く前に朝学習の指示をします。おすすめは「漢字ドリルを小さい声で読んでいく」ことです。どの子もできるし、すぐできるからです。教師の準備もいりません（漢字ドリルがない場合は巻末プリント）。

　漢字ドリルで、「**9**①友だちと音読する。②きつつきの商売。…」と、書いてあるページを各自のペースで読み進めさせます。**9**の次は**11**、次は**17**などと進みます。読み方がわからない場合は、裏のページを見ればわかります。最後までいけばまた**9**からくり返すよう言います。

② 子どもたちをほめる

　教室に戻ってきたとき、ほとんどの子が漢字ドリルを小さな声で音読をしていることでしょう。

　「えらいねえ！　さすが3（4）年〇組だね」とほめてあげてください。「明日からも、しばらくは同じように朝学習します。毎日10分でもこつこつ続ければすごく賢くなります」と朝学習の習慣づけのスタートです。

(2) 1年生を迎える会と学級活動

　ここでは、1時間目に運動場（体育館）で1年生を迎える会がある場合を想定します。

　朝のあいさつを元気よくし、出席確認をします。その後、廊下でおよその背の順、2列の並び方を確認します。後日、体育のときにまたきちんと決めるので、

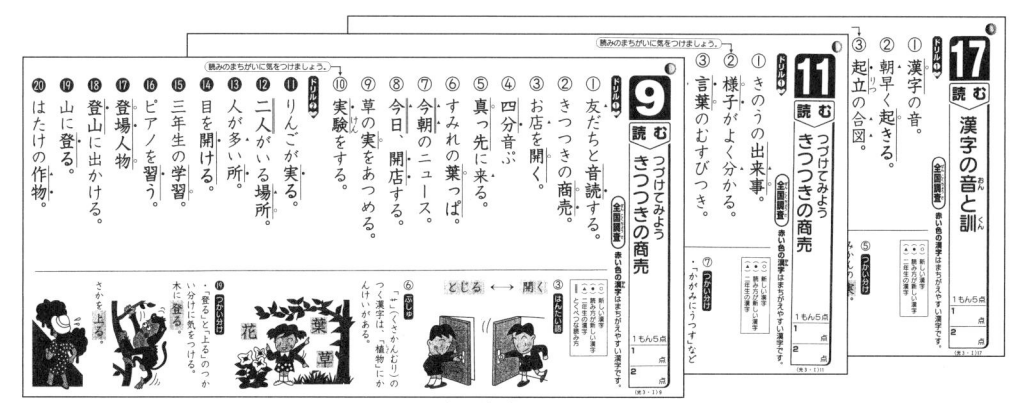

文渓堂『新版くりかえし漢字ドリル3年1学期（光村図書）』より

始業式翌日から朝学習を始めよう

3・4年生　2日目

この日は仮の並び方になります。これで会場に向かいます。

「会」が終わって教室に戻ってきてからすることは、次の2点です。

❶ 提出物の確認

住所などを書いた児童カード、PTA会費口数など、全員の分を整理してまとめる必要のある提出物の回収は、1年間を通じて次のようにすると便利です。

- 出席番号を書かせる。
- 1〜4番の子は5番の子に、6〜9番は10番に、11番〜14番は15番に、…とそれぞれの子の所に持って行かせる。
- 5番、10番、15番、20番、25番、30番…の子は集めたのを数字の順にきちんと並べて担任まで持ってこさせる。
- 担任は番号順に並べます。
- 名簿を見て、出していない番号をチェックします。

こうすれば、いっぺんにばらばらに提出されて、教師が並べ直すようなロスが省けるのです。

❷ 宿題の確認

教師「国語の本を出しましょう」

教師「扉の詩を7回読んで来ましたか？ 読んで来た人手を挙げなさい」

T「えらいね！ では、みんなで声をそろえて読みましょう」

このように、この日は確認だけをします（プリントなどの宿題を出すようになってからは、朝の会で忘れた子の確認と、後で答え合わせをきちんとします）。

★提出物の集め方、出席番号順に集めれば、後が断然効率的！

①子どもたちがそれぞれ5の倍数のまとめ役に提出

「1から5はここだよ」
「6から10よ」
「番号を書きましたか」
「番号が小さいものが上に来るように集めてください」

「では5番の人持ってきてください」
「5番が上になるように、裏向きにわたす」

②慣れたら、自然に順番に持ってきてくれる

(3) クラスの組織づくり

❶ 班、リーダー、番号を決める

まず、座席の近い4人を一つの班として、掃除や給食、学習など協力して活動していくことを確認しましょう。

班の番号を1班、2班と決めていきます（この班は、席替えごとに変わることになります）。

次に班の中で、リーダー、副リーダーを決めさせます。その際、次のように助言します。

「まず、やりたい人が名乗り出て、2人以上ならじゃんけんで決めます。希望がないときにも話し合って納得できるように決めます。決しておしつけにならないようにね」

次に4人で1番から4番まで自分の番号を決めさせます。これは後に「各班1番の人、集合。ビーカーを取りに来ます。次は2番」「3番の人、ノート集めて来て」と理科の実験を効率よく進めるなど、さまざまな活動の機会を均等にするときに役立ちます。

◆4人1組の班をつくり、1番から4番まで自分の番号を決める。

❷ 日直を決める

席の隣どうしで毎日2人ずつが日直です。日直の仕事は、

①前の日、黒板の日付を直し、自分の名前を書いて帰る（自覚させる）。
②朝、窓を開ける。
③朝のあいさつ。
④黒板を消す。
⑤（教室を空けるとき）電気を消す。
⑥「いただきます」「ごちそうさました」のあいさつ。
⑦帰りのあいさつ。
⑧窓を閉め、戸締まりをする。

ことであることを確認します。後に、仕事の掲示物をつくって貼っておきます。

❸ 掃除当番は2週間交替

掃除当番は、分担場所が正式に決まるまでは、教室と廊下の掃除を班に割り振ります。ほうき、黒板／机、ぞうきん、窓、靴箱、廊下など、しばらく2週間交替にしたほうが掃除に慣れ、指導もしやすいでしょう。

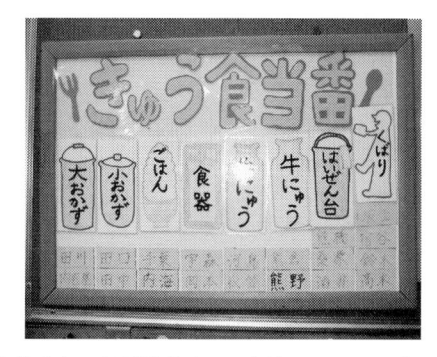

◆仕事カードが移動する。名前カードはマグネットシートに直接書くと早い。仕事カードは画用紙に描いてラミネートし、マグネットシートに貼る。

☞ まず、クラスの組織づくりを

❹ 給食当番を決める

給食当番も決めます。私の場合、次のようにしています。

①パン（ご飯）2名、牛乳2名、牛乳2名、食器2名、小おかず2名、大おかず2名、計12名が最小限の1つのグループにする。

②クラス全体の人数から、2グループか3グループかに決める。

③エプロン番号を決めグループは固定化する。

④ペアは初めの座席の隣同士で組む。

⑤1週間交替制とする。

⑥給食当番のメンバーは半年間固定化する（後期でまたメンバーを替える）。

例）30名の場合は、Aグループ12名＋4名、Bグループ12名＋2名と2つに分ける。Aグループの後の4人も当番とし、配膳台の係、配り係とする。

1番〜12番（16番）までエプロン番号を決める

最初は1番と2番がパン（ご飯）、3と4番が牛乳、5と6番も牛乳、7と8番が食器…となり、次に回ってきたときには3と4番がパン（ご飯）、5と6番が牛乳、7と8番が牛乳、…と前にずれていく。

こうして機会を均等にしてさまざまな経験をさせていきます。

☆メッセージ性のある日直の仕事掲示

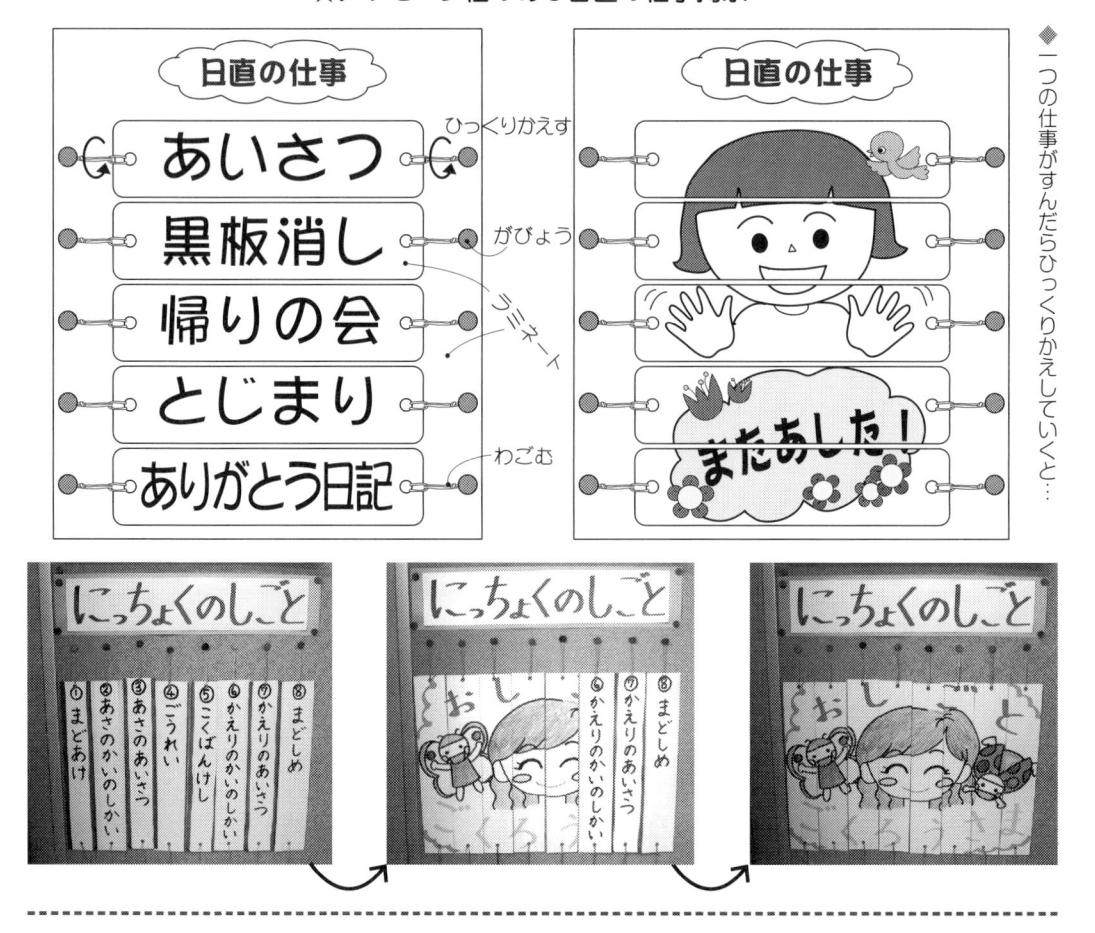

❺ 係を決める

　クラス組織づくりの最後は係です。係には、（A）性格が当番に近く、管理上必要な係、（B）クラスを豊かにする文化・レクリェーションの係の2種類がありますが、中学年では区別なく一緒に考えていいでしょう。

　まず「どんな係がいりますか」と尋ね、「配り係」「出席カード係」「掲示係」「体す。希望人数が少ない係は第1希望で確定です。確定した係から係名の下に名前（名字）を板書します。どう考えても希望が多すぎる場合は、全員第1希望を出した後でじゃんけんで絞らせます。じゃんけんで負けた子は第2希望となります。第2希望は残った係から選ぶことになります。それでも多いときはさらにじゃんけんで決めます。

　たく希望のない係がある場合、どうしても必要な仕事なら、日直の仕事か当番として順に当番として回す、とします。必要でないならその係はなしにします。係のポスター作りなどは目にします。

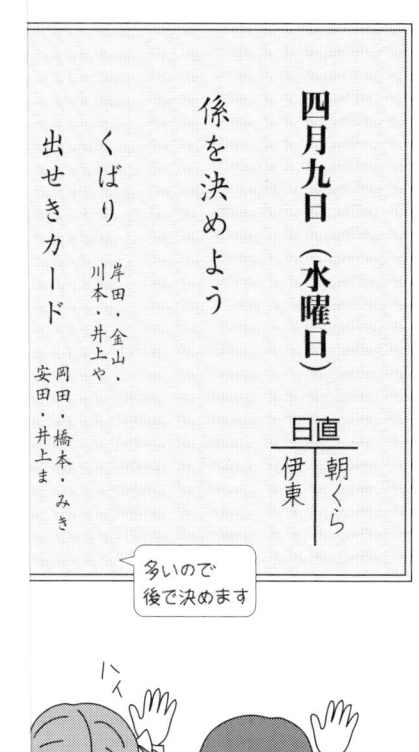

💭 仕事は均等に経験できるよう当番活動などを工夫する

四月九日（水曜日）　係を決めよう

日直　朝くら／伊東

くばり　岸田・金山・川本・井上や
出せきカード　岡田・橋本・みき／安田・井上ま

（多いので後で決めます）

3・4年生　2日目

2日目の3時間目

国語　漢字指導

★時間配分の目安★
5分　音読
5分　音読カード
15分　漢字読み
10分　新出漢字1字

　3時間目からは授業に入りながら、次のような学習のルールを、一つひとつの場面をとらえて押さえていきます。

(1) 漢字ドリルを使って学習

❶ 教科書がすらすら読めるように

　扉の詩を改めてみんなで声をそろえて音読します。声を出すと集中します。

　次は「漢字ドリル」の先習い音読です。漢字の読みを早くマスターするために教科書教材より先回りして音読していく実践です。

　漢字ドリルを使って、「🉐①友だちと音読する。…⑳はたけの作物。」と、朝学習とはちがって、ここではみんなで声を揃えて音読していきます。

　🉐を1回読んだら、今度は座席の一番前から順に「①友だちと音読する。」「②きつつきの商売。」…と一人1番ずつ音読させます。まちがったらやり直しさせます。

　21人目はまた1番に戻ります。🉐が終われば次の所、たとえば⓫をします。🉐と⓫の2セットはできるでしょう。

　時間をつくって漢字ドリルの読みを先行させ、教科書がすらすら読めることをねらっています。🉐と⓫の音読が宿題、と指示し、音読カードを配って記入のし方を教え、厚紙に貼らせます。（音読カード79ページ）

❷ 新出漢字

　続けて、漢字ドリルを使って、新出漢字を一つ学習します。

　「商」を学習する場合なら、黒板の右下の方に「商」と書きます。

　教師　「音読みは？」

　子ども　（ドリルを見ながら）「ショウ」

　教師　「訓読みは？」

　子ども　「あきな（う）」

　教師　「読みましょう、と言ったらドリルの説明の所を読みます。読みましょう」

　子ども　「しなものを売り買い…」

　教師　「部首は？」

　子ども　「くち」

　教師　「空書きをします」と言って、「イチ、ニ、サン、シ、…ジュウイチ」と筆順を唱えながら空中で腕と人差し指を動かします。子どもたちも人差し指を空中にあげて教師のまねをします。教師が逆さに書くことができれば、子どもと対面しながらできます（少し練習すればできるのでチャレンジしてみてください）。

　教師「指書きをしてください」

授業がスムーズに進み、 どの子も力がつく学習のルール

1　授業時間は先生とみんなのための時間。休み時間は自由な時間。
2　まちがえることは恥ではない、まちがいながら賢くなろう。
3　わからないことはどんどん質問したり調べたりして解決しよう。
4　みんなで教え合い学び合いをして、やさしく賢いクラスにしよう。

- 先生やみんなの言うことをまずよく「聞く」。耳だけでなく、話している人に目を向けて目で聞く。
- 次の時間の用意をしてから遊ぶ。
- チャイムが鳴ったらすぐ教室に戻る。（チャイムが鳴ったら授業を始め、終わります）
- 筆箱には、削った２Ｂの鉛筆５～６本／削った赤鉛筆／よく消える消しゴム／定規／名前ペン。
- 意見を持てたらピンと挙手する。
- 名前を呼ばれたら元気に返事をし、立って発表する。
- 宿題は必ずやり遂げてくること（忘れたら休み時間にする）。

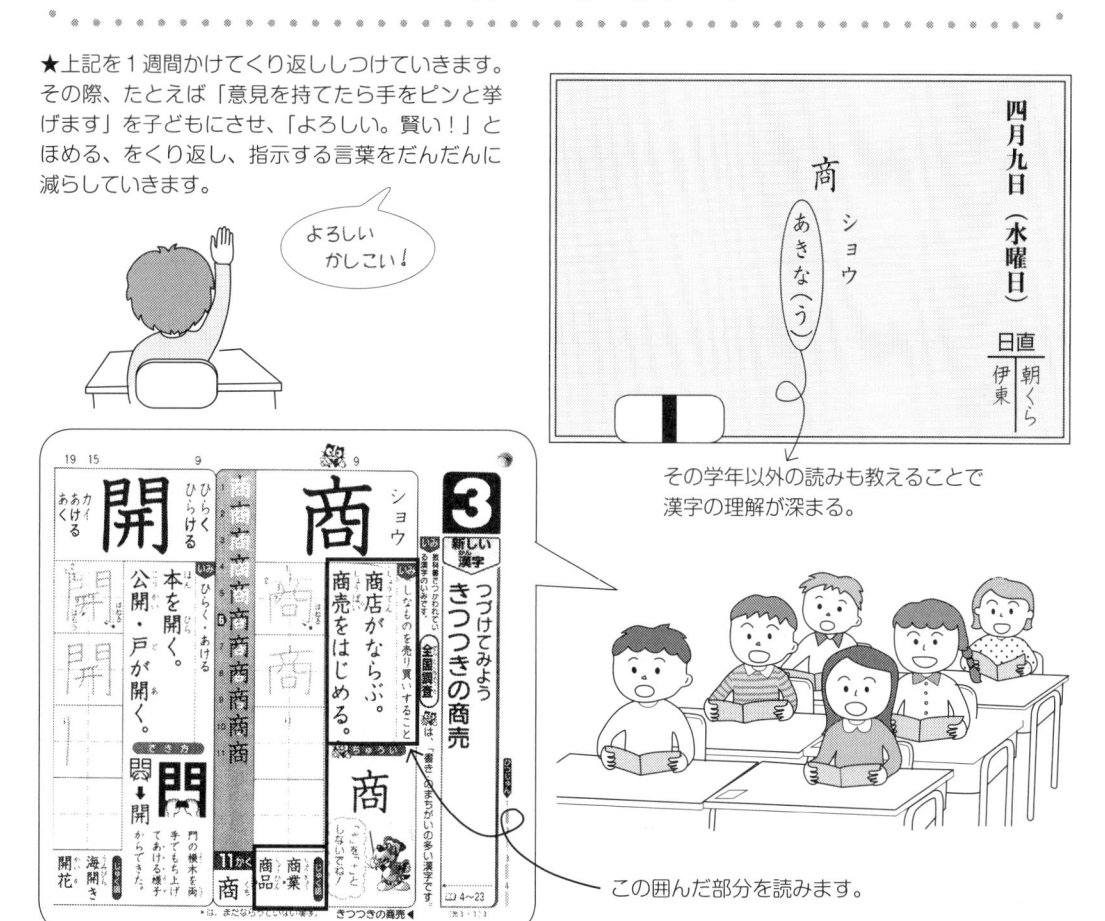

★上記を１週間かけてくり返ししつけていきます。その際、たとえば「意見を持てたら手をピンと挙げます」を子どもにさせ、「よろしい。賢い！」とほめる、をくり返し、指示する言葉をだんだんに減らしていきます。

よろしい　かしこい！

その学年以外の読みも教えることで漢字の理解が深まる。

この囲んだ部分を読みます。

漢字は読みを先行させる

3・4年生　2日目

机の上で何度も指で「商」を練習させます。

ここでやっと鉛筆を持たせ、教師「なぞり書きをしてください」と言って、教師の「イチ、ニ、サン、シ、…ジュウイチ」の声に合わせてドリルの薄い所をなぞらせます。「1ミリもはみ出ないように」というとていねいになぞるようになります。

あと2マス残っていますので、教師は「残りを書いてください」と指示し、写し書きをさせます。

❸ 毎日2字ずつ学習しよう

これで完了。最初なので、1文字で10分くらいかかるでしょうが、慣れてくれば4分で1字進めます。3日目からは国語の授業始めにこの新出漢字学習を位置づけ、2字ずつ進むようにしましょう。

4時間目は算数です。「算数の用意をして遊びます。これからは、必ず次の時間の用意をしてから遊びます」と、用意をしてから休み時間にするように徹底していきます。

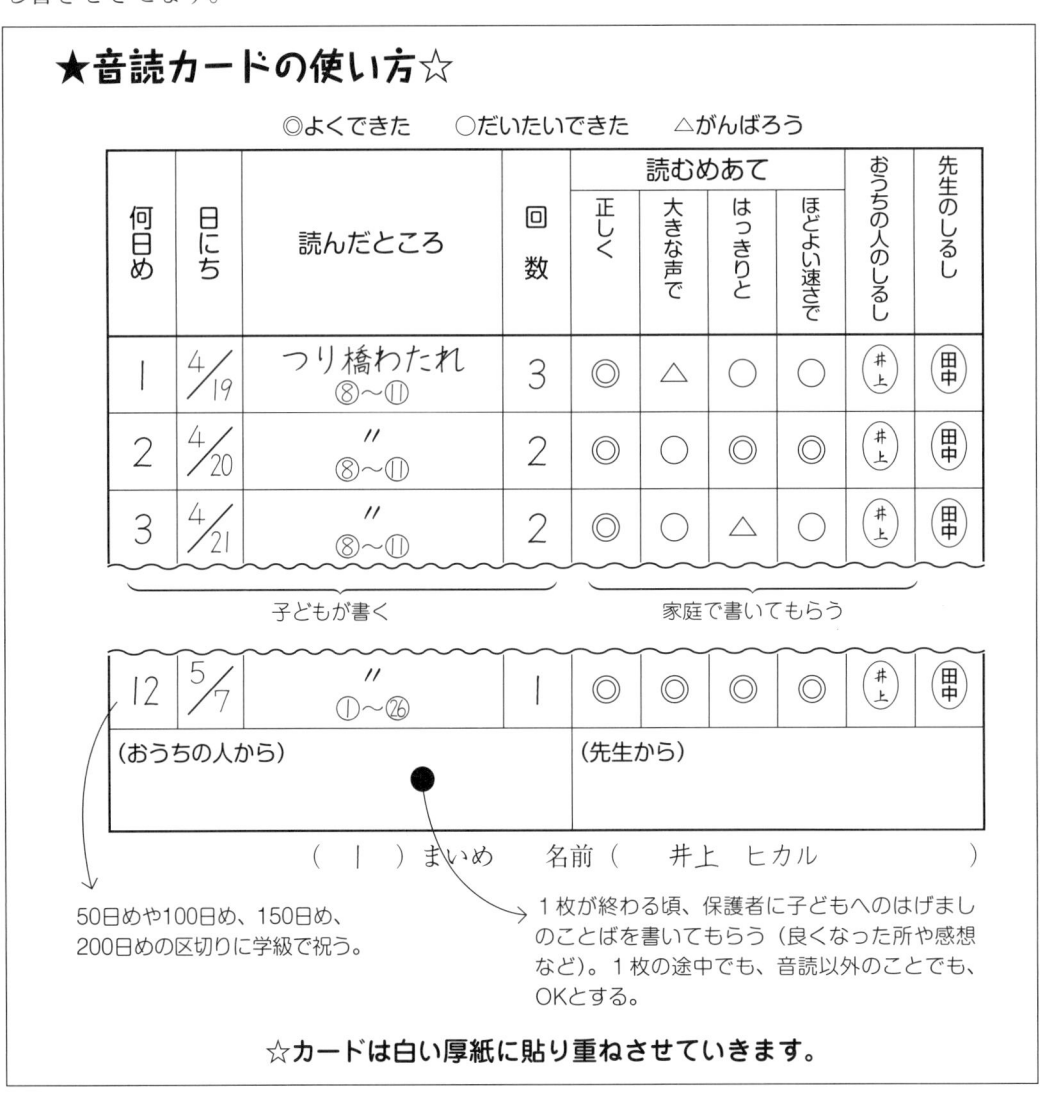

★音読カードの使い方☆

◎よくできた　○だいたいできた　△がんばろう

何日め	日にち	読んだところ	回数	読むめあて				おうちの人のしるし	先生のしるし
				正しく	大きな声で	はっきりと	ほどよい速さで		
1	4/19	つり橋わたれ ⑧〜⑪	3	◎	△	○	○	井上	田中
2	4/20	〃 ⑧〜⑪	2	◎	○	◎	◎	井上	田中
3	4/21	〃 ⑧〜⑪	2	◎	○	△	○	井上	田中

子どもが書く　　　　家庭で書いてもらう

| 12 | 5/7 | 〃 ①〜㉖ | 1 | ◎ | ◎ | ◎ | ◎ | 井上 | 田中 |

（おうちの人から）　　　　　　　　　（先生から）

（　1　）まいめ　　名前（　井上　ヒカル　　　）

50日めや100日め、150日め、200日めの区切りに学級で祝う。

1枚が終わる頃、保護者に子どもへのはげましのことばを書いてもらう（良くなった所や感想など）。1枚の途中でも、音読以外のことでも、OKとする。

☆カードは白い厚紙に貼り重ねさせていきます。

音読カード

◎よくできた　○だいたいできた　△がんばろう

何日め	日にち	読んだところ	回数	読むめあて				おうちの人のしるし	先生のしるし
				正しく	大きな声で	はっきりと	ほどよい速さで		
	/								
	/								
	/								
	/								
	/								
	/								
	/								
	/								
	/								
	/								
	/								

（おうちの人から）　　　　　　　　　（先生から）

（　　　）まいめ　　名前（　　　　　　　　　　　）

2日目の4時間目

算数（と給食指導） 100マス計算

★時間配分の目安★
20分　100マス計算
15分　計算ドリル
10分　給食指導と準備

(1) 100マス計算を始める

❶ 100マス・リハーサル

算数の授業びらきは100マスかけ算がおすすめです。

「計算が速くなると一生の財産になります。毎日頑張れば、お父さんお母さんより速くなります。脳みそも元気にしてくれるし、集中力もつきますよ」と、趣旨を説きます。

次に「横にやっていきます」とやり方を説明して1回してみます。このときタイムははかりません。子どもをよく観察してください。随分時間がかかりそうな子もいるでしょう。1回目はやり方を覚えさせるのがねらいなので、3分くらいで一度やめさせます。

❷ 第1回目の自分の記録を計る

2回目はタイムを計ります。ただし5分で切ります。子どもには5分でできた数、または100マス全部できる子はそのタイムを記録させます。

「今のが最初の記録です。この記録に勝てるように頑張っていきましょう。今日から家でも2回しましょう」と宿題の指示もします。3日目から、朝学習か算数の授業の冒頭を100マス計算にあて（5分）継続していきます。計算は努力すればするほど速くなって、やる気がでます。さらに学習の構えをつくり、新学期のスタートにふさわしい課題です。

「みんなで、やさしいことを、こつこつと、短時間で、たのしんで」これが、学力回復の5原則です。

(2) 計算ドリルをする

100マス計算の次に、「計算ドリル」を配り、復習ページを始めます。前の学年のおさらいなので、そんなに難しくない

でしょう。困っている子には個別指導もし、答え合わせをみんなで一斉にして終了です。

(3) 給食や掃除のルール指導

❶ 早めに給食準備に取りかかる

今日から給食が始まります。次の内容を大ざっぱに話しておきます。

①給食は残さずに食べましょう。ただし食べる量は自分で調整します。
②ナフキンを必ず敷きます。忘れて来たらフルーツなどのおかわりはなしです。
③給食当番は、残りが出ないようにうまく配膳してください。
④それでも残ったときには、希望を聞いて先生が配ります。その場合、その月に誕生日の人が優先されます。希望者が多いときには先生と一斉じゃんけんをして勝った人にします。
⑤教室で待っている子は、手洗いをすましたら静かに席について待っておくこと、遊んではいけません。

4時間目が終わる前に話を終え、早めに給食の準備に入り、給食当番を給食室に連れていきます。学級数の多い学校では、遅れると給食室前はラッシュになって、待ち時間が増え、時間のロスになるからです。

計算星取表（けいさんほしとりひょう）

(1) 例) 5分で打ち切り

	分	秒	こ	てん
4/10			84	
4/12			95	○
4/13	4	40		○
4/14	4	45		●
4/15	4	30		○
4/16	4	21		○

4 勝　／ 敗

昨日の自分のタイムに勝つか、ひきわけたら○。負けたら●

算数の力がつく学習のルール

- 線を引くときは必ず定規を使う。
- ノートは10ミリ方眼ノートを使い、1マスに1つの数字を書く。
- ノートは行間をつめて書かず、ゆったりと使う。
- 計算はノートに堂々と書き、終わっても消さない。

★100マス計算やってはいけない10か条

1. 子どもに説明をせず、うむを言わさずやらせる。
2. 計算が不正確なのに100マス計算をする。
3. いきなりたくさんの量とタイムで追いこむ。
4. ときどきしかやらない。
5. タイムを計らない、記録しない。
6. ただやらせるだけ、ほめない・励まさない。
7. 答え合わせをしない。
8. 速くできた子が何もしないで待つ。
9. 数字が読めないなど、きたなく書く。
10. 速く正確にできているのに、やり続ける。

一〇〇マス計算で新学年・算数をスタートさせよう

❷ 最初の給食

毎日、給食の準備をしながら、食べながら、片付けながら、改めてルールを押さえていきます。当番も入れ替わるので、徹底するのに3週間くらいはかかりますが、はじめが肝心です。

食物アレルギーやどうしても食べられないものなど、保護者と連絡をとって配慮しましょう。班で机をくっつけて食べさせます。

❸ 最初の掃除

子どもたちが給食を食べ終わったころを見計らって、掃除のルール指導（約5分）をします。

①ていねいに掃いたり、運んだり、拭いたりしてきれいな教室・学校にする。

②班で助け合い、協力してする。

③自分の分担が終わったらまだの所の手伝いをする。みんなが終わってはじめて掃除終了となる。

④順に教師が回って指導しに行く。さぼって楽しようとする人は注意する。

掃除のルールも、日々やりながら徹底させていきます。1日2グループずつ掃除の分担場所を回り、やり方を教えていきます。子どもの分担場所が交替するたびにやり方を教えていきます。

❹ 昼休み

昼休みには、子どもたちは必ず運動場に出て遊ぶことをルールとします（どうしても調子が悪いときは除く）。教師はしばらく一緒に遊ぶ余裕はないでしょうが、観察していると、ボスが誰か、誰が力が強いか、誰と誰が仲が良いかがよくわかり、児童理解に役立ちます。気づいたことは、「子どもノート」にメモしましょう。

★私が新学年のスタート時に、子どもたちに示すルール

学習のルール（77ページ）
　朝の学習（71ページ）
　国語（76ページ）
　算数（81ページ）
生活のルール
　給食のルール（81ページ）
　掃除のルール（82ページ）

> やる気満々のこのときにルールを示すことが大切です。
> ルールは、子どもたち一人ひとりを等しく伸ばすもの、公平性に貫かれているものであることが重要です。

2日目の5時間目

学級活動　係のポスターづくり

(1) 係のポスターづくり

　午前に決めた係のメンバーで集合させます。配り係を「宅配便係」、音楽係を「ミュージック係」などと、係の名前を工夫させるとおもしろいです。

　また、フォーマットを印刷した画用紙に係ごとポスターをつくらせます。係名、メンバー、リーダーに丸印、めあてなど書かせます。出席カード係なら、月～金までだれが保健室にカードを持って行くのか、当番表も入れさせます。色鉛筆で色塗りをさせます。

　係によってできあがるのに時間差ができるので、早くできた係のところは絵もいれさせるなど調整します。

　できたポスターはさっそく教室の横に掲示していきます。みんなで教室をつくっていく第一歩です。

(2) 連絡帳を書かせ、下校準備

　最後に、連絡帳をていねいに書かせます。翌日自己紹介してもらうので練習してくるよう話します。

　（しゅくだい）漢字ドリル❾⓫、音読（カード）、100マス計算2つ、自こしょうかいの練習30びょういないで（名前、好きな勉強、好きなこと）

（連らく）5枚

　書けたら帰る用意をするように指示します。同時に、1班から順に教卓に呼び、ハンコを押していきます。

　このように全体をまず動かしてから個別のことをするほうが時間を有効に使えます。

（フォーマット　本書裏表紙にあります。）

☞ ルールの定着は気長にくり返して

3日目の1時間目

計算・漢字実態調査

★時間配分の目安★
20分　計算実態調査
10分　答え合わせ
15分　漢字実態調査

　3日目のポイントは「子どもを知る」ということです。

　朝の学習は、ひきつづき漢字ドリルの先習い読み（微音読）をさせます。

　朝の会でのあいさつ、出席確認、健康観察、宿題の確認、提出物の点検が終われば、計算と漢字の実態調査をします。

❶　計算・漢字の実態調査の意味

　一人ひとりの子どもの基礎学力実態をつかみ、指導に生かしていくことが目的です。とくに、遅れがちな子を1日も早く見つけて、日々の授業でわかるように、宿題などができるように配慮していくことは大切な仕事です。

　また、「荒れた」クラスの陰に学力格差・低学力あり、といわれます。実態をまず知ることです。

❷　内容について

　計算は、3年生が1年と2年の問題、4年生が1・2・3年の問題（学級実態に合わせて2・3年でも可）をします。

　漢字は、3年生が2年生の問題、4年生は3年生の問題を調べます。前学年までのすべての漢字をさかのぼって調査しなくても傾向がつかめるのでOKです。
（調査問題は131ページ）

❸　方法について

　計算の調査をして、みんなができたころ、答え合わせは隣同士交換して一斉にします。多忙なときです。ただちに答え合わせして回収します。

　次に漢字テストをします。これは回収して担任がその日のうちにまるつけします。

　計算と漢字の点数は早めに記録し、できればまちがった問題のチェックをして記録し、配慮すべき子をつかんで今後の指導に生かしていきます。まず、子どもの基礎学力を知りましょう。

★チェック表を作って、傾向を調べます。

計算力学年課題調査表　　　年　組

学年				1年							%				2年							%				3年							%
番号	①	②	③	④	⑤	⑥	⑦	⑧	⑨	⑩		①	②	③	④	⑤	⑥	⑦	⑧	⑨	⑩		①	②	③	④	⑤	⑥	⑦	⑧	⑨	⑩	
内容 児童名＼月	足し算	繰り上がり	繰り上がり	0の足し算	引き算	繰り下がり	繰り下がり	三数の和	三つの数の計算	〃		二位＋一位	二位＋一位	三位と二位の筆算	二位の和の筆算	九九	九九	九九	和の筆算	差の筆算	差の筆算		三位＋三位の筆算	二位＋一位	百倍の計算	割り算	余りのある割り算	余りのある割り算	十で割る計算	三位×一位の筆算	二位×一位の筆算	二位×一位の筆算	
	4																																	
	10																																	
	2																																	
	4																																	
	10																																	
	2																																	
	4																																	
	10																																	
	2																																	

3日目の2時間目

学級活動　自己紹介

★時間配分の目安★
15分　練習時間
30分　発表

❶ 自己紹介のめあてとリハーサル

2時間目は、自己紹介をさせます。

もじもじしている子、堂々としている子、ニコニコと話す子などさまざまで、ここでも子どもの一面を知ることができます。

- 一人30秒以内で（名前、好きな勉強、好きなこと・もの）。
- 「ゆっくり、はっきり、はりのある声で」と板書、発表のめあてとする。

各自自分の席でリハーサルです。「隣の人にわかるように練習しましょう」と練習させ、戸惑っている子には言うことを書かせるなど個別指導をします。

❷ 本番

いよいよ本番です。

- 発表者をよく見て聞く。（聞く指導）
- 教師は「子どもノート」にメモしていく。

出席番号順に前に出て発表させます。時間短縮のため、次の子は横に立って待ちます。よくわかる自己紹介ができた子は大いにほめます。

持ち上がりの4年生のクラスなら、バージョンアップさせて、「今年がんばりたいこと、その理由」のスピーチをさせるのもいいでしょう。

【板書】
自己しょうかい
　ゆっくり、
　はっきり、
　はりのある声で

四月十日（木曜日）
日直　前田　井上

◆子ども同士もこれで知り会える

【吹き出し】
ぼくの名前は幹寿人です。すきな勉強は体育です。
　好きなことはサッカーで、サッカー・チームに入っています。火曜と木曜に、学校で練習があります。よろしくお願いします。

☞ 3日目は、子ども一人ひとりをつかもう

3日目の3時間目

国語　ノート指導と音読

★時間配分の目安★
10分　新出漢字2字
20分　範読と感想
15分　音読指導

　3日目3時間目からはいよいよ本格的で着実な授業づくりを進めていきます。
　2日目で述べた学習のルールは繰り返し徹底していきます。そして、
　①漢字ドリルを使って毎日新出漢字を2字ずつ進む（10分）
　②範読（教師が読む）とはじめの感想（20分）
　③音読の仕方の指導（15分）
　国語ではこのような授業の流れをつくるようにします。この日力を入れるのは、ノート指導と音読です。ノート指導は学習規律を確立させていくのに有効です。

❶　ノートの書き方指導

- 2マス下げて教材の題名を書く。作者名も書く。（次からは単元が終わるまで書かない）
- 日付けを書く。
- 自分の答えを書く。（発表する）
- 板書を写す。

　始めは、「最初は2マス空けなさい」「はい、1行空けて」など、教師の指示を守って、板書の通りに書かせます。国語のノートは学校によってちがいがありますが、3年生なら15マス、4年生なら18マスのノートがいいでしょう。

❷　音読のさせ方

　下の板書例にあることを教えながら、ひとまとまり（2～3ページ）を音読していきます。しばらくは連れ読みから始め、一斉に音読させます（「三つのお願い」光村図書4年）。

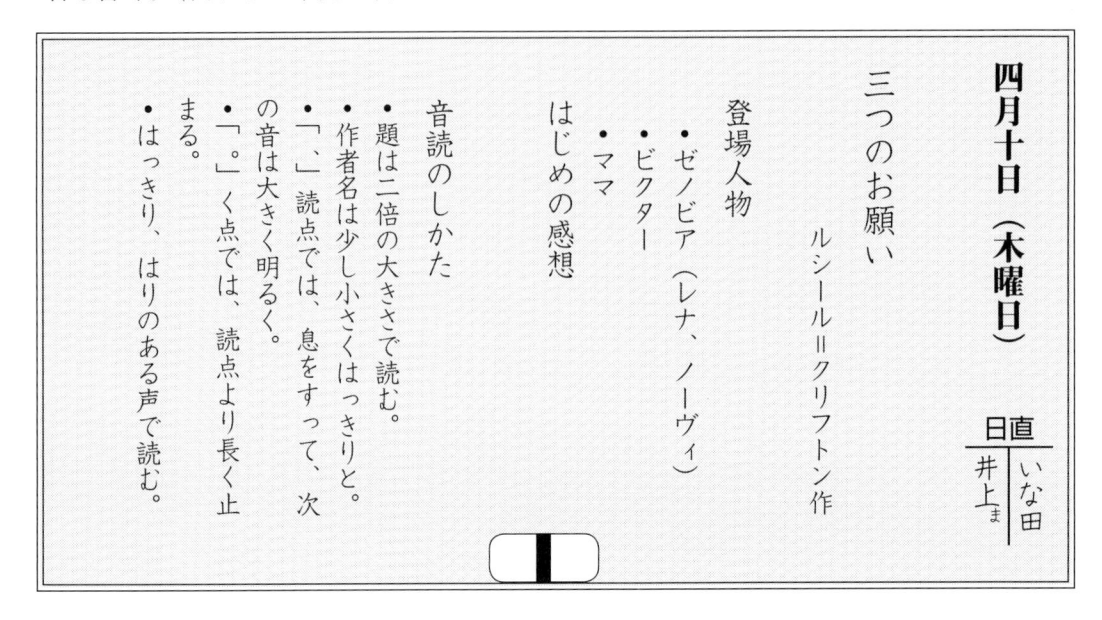

四月十日（木曜日）

三つのお願い

　　　　ルシール＝クリフトン作

登場人物
・ゼノビア（レナ、ノーヴィ）
・ビクター
・ママ

はじめの感想

音読のしかた
・題は二倍の大きさで読む。
・作者名は少し小さくはっきりと。
・「、」読点では、息をすって、次の音は大きく明るく。
・「。」く点では、読点より長く止まる。
・はっきり、はりのある声で読む。

日直　いな田
　　　井上

3日目の4時間目
図書の時間

★時間配分の目安★
8分　本を選択
30分　読書
7分　返却

　学年はじめは図書室が空いていることが多いでしょう。クラスで使えるように事前に確保しておきます。読む力は学力の裾野を広げ、言語能力を高めます。

　読書のしつけをして、本好きな子どもに育てることは大切な仕事です。早めに図書室に行くことは、学級文化活動のスタートにもなります。

❶　ルール～30分間静かに読書

　次のルールを説明して、さっそく本を選ばせます。
- はじめの8分で本を3冊選ぶ。
- 座ったら立ち歩かず、しゃべらない。
- 30分間静かに読書する。
- 読み終わった本は4人グループの真ん中に置き、自分が選んだ3冊を読み終えたらそれを読む。
- 責任をもって3冊返し、1（2）冊借りて帰る。

　どんな本を読んでいるか観察してみましょう。これも「子どもを知る」ことです。図書の時間は必ず確保し、忙しいからとほかの授業に振り替えたりしないようにしましょう。

❷　「空白の時間は読書」を徹底する

　身体測定の終わった後、課題やテストの終わった後など、空白の時間は必ず読書して待つ、ということを学年はじめに徹底しましょう。これに成功すると1年間とても快適に過ごせます。そのためには、身近に本があり、「いつも読みかけの本を」を持たせることです。

❸　学級文庫の整備

　読書を進めるには、学級文庫の整備が一番の近道です。私の教室には二百冊以上の本があります。古くなったものを譲り受けたり、古本屋で買ったりするのも一方法です。整備ができたら「読書5000ページへの旅」に取り組みます（フォーマットは90ページ）。

★子どもが何を読もうか迷っていたら

『じごくのそうべえ』田島征彦作・桂米朝・上方落語・地獄八景より　童心社
『はらっぱ』西村繁男・画　神戸光男・構成／文　童心社
『ヒサクニヒコ恐竜の研究①②③』ヒサクニヒコ著　あかね書房
『妖怪ラムネ屋』越水利江子作　あかね書房
『エルマーのぼうけん』ルース・スタイルス・ガネット作　福音館書店

読書「5000ページへの旅」は下のような表を使う。読了した本の総ページ数を累計していく。「さつ数」に何冊目かを書く。

5000ページへの旅
読書記録　　年　組　名前

感想 ◎○△	さつ数	読み始め 月／日	本の名前	この本のページ	るい計
・	・	・	・これまで読んだ本のページ数るい計		
		/			

いつも「読みかけの本」を持たせよう

3日目の5時間目

算数　授業の組み立て

★時間配分の目安★
7分　基礎計算
5分　問題提示
18分　交流
15分　練習問題

算数も着実な授業づくりが始まります。授業パターンを示します。

(1) 授業の始めは基礎計算

授業の始めは、4・5月は「基礎計算の習熟」を図ることを目標にし、100マス計算などを位置づけます。子どもを集中させ、授業の構えをつくります。

100マス計算では、チャイムがなればすぐ問題を書いたプリントを配り、タイムを計って5分（4年は4分）で打ち切ります。何問できたかを記録させます。

答え合わせは、教師が答えをテンポよく言って、自分のプリントをまるつけさせます。ここはリズムよくさっさと進めましょう。

(2) 助走と問題提示

❶ 助走

4年生の算数を例にとると、最初の単元は「大きい数」（大阪書籍）です。

教科書では、日本「127291000人」など、世界地図のさし絵に各国の人口が書いてあります。

「フランスの人口は何人ですか」と、3年で習った「万、千」を使って解ける発問で始めます。「5919万9100人です」と答えるでしょう。ケニア、オーストラリアも同じようにできます。このように、始めは助走問題をします。

❷ 問題提示

次に本題に入ります。

「日本の人口127291000人はどう読むでしょうか」

と、ゆっくり発問し、「127291000人」と板書します。問題提示です。

(3) 交流しながら解決する

❶ ノートに書かせてから発表

「左側の2と書いてある位は、何の位ですか？　ノートに書きなさい」。ほぼみんなが書けたのを見計らって「書けた人は手を挙げなさい」と、教科書の問いに沿って発問し、ノートに自分の答えを書かせてから、挙手させ指名するようにします。一部の子だけで進めず、傍観者をつくらず、全員参加の授業づくりを心がけましょう。

❷ 交流と解決

この時間にはじめて登場する「億」をていねいに扱った後、「どうやったら読みやすくなりますか」と問い、子どもたちの考えをいろいろ出させて交流させま

す。そのうえで、
　1｜2729｜1000人
と、4けたごとに線を入れて区切ると読みやすいことを教えます。

　この手立てを後の問題でも繰り返し活用させます。

(4) 練習問題をする

　教科書の練習問題は必ず授業中に扱いましょう。そのために「交流で解決」に時間をかけ過ぎない配分が大切です。

　最後は連絡帳をこの日の最高の字で書かせます。

（しゅくだい）国語P.7、8を3回音読（カード）、計算ドリル3、百マスかけ算2つ
（連らく）4枚

　6時間目があれば、体育がおすすめです。遅くとも4日目の2時間目までにはしましょう。

　まず体育係を前に出して、ふだんは4列でならばせることを教えます。

　準備体操をして、整列の練習をします。2列、4列は欠かせません。6列並びは、遠足でホームで電車を待つときに役立ちます。写真並びも余裕があれば（56ページ参照）。

授業はテンポよく進めよう

3・4年生　3日目

5000ページへの旅

読書記録

年　　　組　名前 _____

感想 ◎○△	さつ数	読み始め 月／日	本　の　名　前	この本のページ る　い　計	
・	・	・	・これまで読んだ本のページ数るい計		
		／			
		／			
		／			
		／			
		／			
		／			
		／			
		／			
		／			
		／			

たくさん読みましたね。新しい記録用紙をもらいましょう。

学年はじめの学力づくり
奇跡をおこす3日間 5・6年生

時間＼日	0日目	1日目	2日目	3日目
	準備	始業式 学級開き	朝学習	朝学習
1			学級活動 係・日直の仕事を決める	計算・漢字 実態調査
2			算数 授業の組み立て	社会 5円玉を使って 紙テープを使って
3			国語 授業の組み立て	図書の時間
4			学級活動 給食当番を決める	体育 マット運動
5			学級活動 掃除と連絡帳指導	図画工作 浮世絵模写
6				学級活動 言葉の授業

0日目　準備

明日の行動計画をたてる

(1) 新しい教室に行ってみよう

　始業式がうまくいくかどうかは、前日までの準備にかかっています。始業式がうまくいけば、その後の学力づくりもスムーズにスタートできるので、少し力を入れて準備しましょう。

　準備するときのポイントは、とにかくできるところから始めてみるということです。やっているうちにまた新しいことに気づいたり、もっといい方法が見つかったりするものです。ですから、頭の中だけで「どうしよう」と不安になるよりも、まず、できることをやっていきましょう。

　新しい教室が決まれば、鍵をもらって、まだ誰もいない教室に行ってみます。そうすると少し実感がわいてきます。教卓の前に立って見渡してみます。教室は40人でいっぱいなので、外側の机は斜めにして黒板が見えやすいように並べようか、などとアイデアがわいてきます。

(2) 机をそろえる

❶ 机の高さ調整

　机の数がそろっているか確認するのはもちろんです。落書きがあったり傷んでいる机はとりかえておきます。高学年ではうんと背が高くなっている子もいますから、養護教諭や前担任に子どもの身長の変化について尋ね、机の高さなども調節しておくとなおいいですね。

❷ 出席番号を打つ

　最初のうちは出席順に座ってもらうので、端から順番に番号を打っていきます。それぞれの机の右上に白のビニールテープを貼って、マジックで番号を書きます。

　こうしておくと、始業式の日、はじめて子どもたちが教室に入ったときに、ど

★高学年準備のチェックポイント

- ☑ 机・靴箱・ロッカーの数を確認する
- ☐ 名簿を作って、名前をまちがいなく呼べるようにする
- ☐ 机の高さを調整する
- ☐ 学級通信1号を書く
- ☐ 翌日の宿題のための音読カード
- ☐ 一人ひとりにメッセージを書く（できれば）

こに座ればいいのかがすぐわかります。座席表を黒板に書いておけば、さらにわかりやすいでしょう。

同じようにして、ロッカーや靴箱にも番号を打っておくといいでしょう。

(3) 授業ノートでシミュレート

次に、授業ノートをつくります。その日1日にすることを詳しく書き込むノートです。2年生の35ページに実物写真を載せました。そのノートに始業式の日の動きをシミュレートして書いてみます。1日の流れを考えてみるのです。

高学年では、学級困難を抱えているクラスを受け持つことも少なくないでしょう。クラスの最高責任者である教師がきちんとした方針をもっていないと、子どもたちは隙をついてわがままを通そうとしてきます。1日目の指導は、先生の指示に従うという関係をつくりあげるための真剣勝負の日です。

しかし、この始業式の日はなにかとあわただしく、学級活動にあまり時間が取れないことが多いですから、**短い時間の中でも子どもたちにインパクトのある学級開きができるようノートに書いておく**ことはとても大切です。

配るプリントの枚数も、始業式は信じられないくらいたくさんあります。教科書も配ります。

たとえば、時間がないなら、奥の手として、あらかじめ配っておくという方法もあります。ぼくは、教科書とプリント、名札、メッセージ（下写真）を前日に配っておきました。

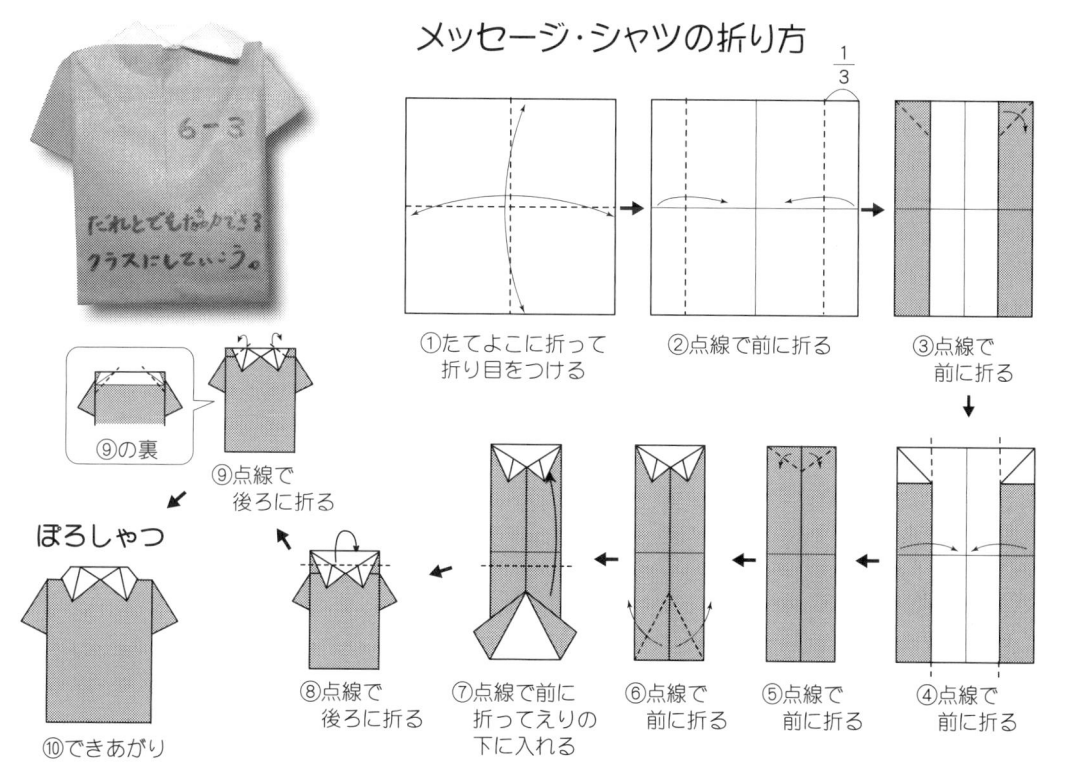

メッセージ・シャツの折り方

① たてよこに折って折り目をつける
② 点線で前に折る
③ 点線で前に折る
④ 点線で前に折る
⑤ 点線で前に折る
⑥ 点線で前に折る
⑦ 点線で前に折ってえりの下に入れる
⑧ 点線で後ろに折る
⑨ 点線で後ろに折る
⑩ できあがり

ぽろしゃつ

☞ 配付物をあらかじめ配っておくという奥の手も。

● 1日目　始業式

学級開き　学習スタートの日

★時間配分の目安★
学級開き
10分　教師自己紹介
10分　音読
10分　教科書記名
10分　連絡帳記入

(1) クラス分け

　始業式の後にクラス分けをするところもあるでしょう。どこでどのように組み分けをするのか、教科書はいつどのように取りにいくのかなどを、学年でよく打ち合わせして把握しておきましょう。

　子どもたちをクラスごとに並べたら、出席番号をもう一度確認して、さあ教室へ移動です（60ページ参照）。

　前日、スムーズに学級開きに入っていけるように、靴箱や机、ロッカーには出席番号のシールを貼り、念を入れて、黒板にも座席表を書いておきました。

　教室前までつれてきて、「靴箱の自分の番号のところを探して靴を入れ、教室に入ったら黒板を見て自分の席に座りましょう」と言います。こうしておくと混乱することなく、子どもたちは自分の席を見つけて座っています。これは始業式前にクラス分けする場合でも有効です。

　ある年は、教科書を取りに行った数人の子と遅れて教室に入っても、ほかの子はきちんと自分の席に座っていました。

　なお、新任、転任で教師が始業式で着任のあいさつをする場合については「2年生　始業式」（36ページ）を参照してください。

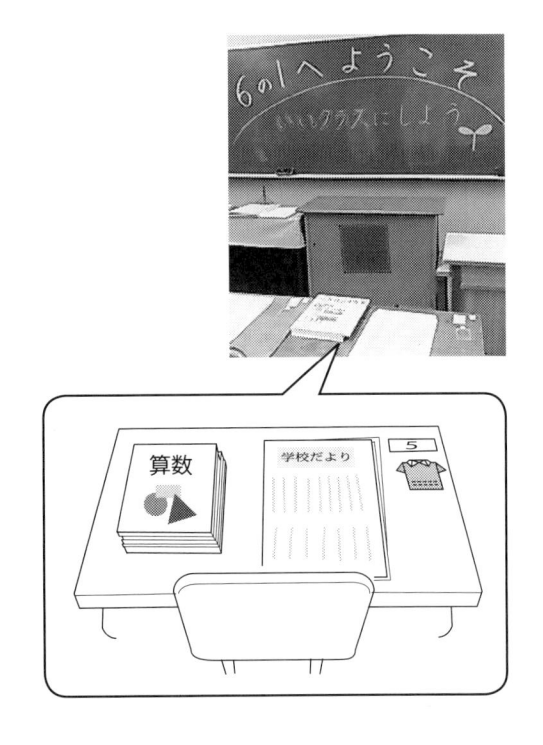

(2) 学級開き

❶ 明るく自分らしい自己紹介

　席について子どもたちは、はじめて出会ったあなたのことをワクワクしながら見つめています。おそらく、どの瞬間よりもあなたの言葉に期待をしているときでしょう。平凡なあいさつでお茶を濁さず、明るく自分らしいあいさつを工夫しましょう。

　たとえば、自分の好きなことや得意なことを一つ言うだけでも、子どもたちは

★高学年担任　あいさつで使いたいキーワード☆

●学校のリーダー　●最高学年（6年生）　●委員会活動のリーダー（の中心）　●○○行事（学校独自の大切な行事）のリーダー　●修学旅行（6年生）　●林間学習（5年生）　●地理の勉強が始まります（5年生）　●歴史の勉強が始まります（6年生）　●家庭科が始まります（5年生）　●中学生にむけて（6年生）　●胸をはって　●努力　●信じて　●伸びていこう　●明るいクラス　●力を合わせて

☆高学年学級担任　自己紹介例★

私が、5年（6年）○組の学級担任の○○○○です。みなさんといっしょに1年間、勉強も運動も、行事も楽しく取り組みたいと思います。どうぞよろしくお願いします。

5年生の場合

　みなさんは本当の高学年になりました。委員会活動も始まり、学校のお兄さん、お姉さんとして、低学年、中学年のお世話をする立場になりました。

　5年生の最大の行事は林間学校です。友だちと力を合わせて楽しく過ごせるよう頑張りましょう。

　勉強では、新しい教科の家庭科が始まり、社会科では日本のことや世界のことなど、これまで行ったことのない場所のことを学びます。みんなで楽しく勉強しましょう。

6年生の場合

　今日からみなさんは最高学年になりました。学校のリーダーとして委員会活動や集会活動、また運動会などで力を発揮しましょう。

　勉強では、今まで身につけてきた力をいかして、興味のある勉強を深めていける時です。中学に向けて、できていなかったところを身につけて、卒業しましょう。

　修学旅行では○○を見学します。仲間と力を合わせて思い出をたくさん作りましょう。

得意技などで締める

パッと切り替えて音読へ

楽しさとサプライズでやる気の出る明るい学級開きを

5・6年生　1日目

よく覚えてくれます。

「サッカーが大好きです」「漫画を描くのが得意です」とちょっと言っただけでも、その後、「一緒にサッカーしよう」などと声をかけてくれたりすることでしょう。

❷　1年の出発らしい演出を

1日目では、二つのことを心がけます。一つは、楽しく勉強できそうだなと思ってもらうことです。

「5年生は、体も頭もうんと伸びるときです。だから、今までできなかったことが、毎日努力を続けていると花が咲くようにぱっとできるようになります。1年間、楽しくがんばりましょう」

こう話してから「マジックノート」を取り出します。これはデパートの手品用品コーナーで教えてもらったものです。最初にノートをめくると真っ白なのですが、次に同じようにめくってみるとア〜ラ不思議、どのページにもかわいい絵がいっぱい現れるという代物です。

この「マジックノート」を次のように使いました。

「5年1組のみんなと今日初めて出会ったので、先生の心の中はこのノートのようにまだ真っ白です。これから1年間一緒にいろいろなことを勉強したり遊んだりして、こんなふうにたくさんの思い出をつくっていきましょう。（もう一度ノートをめくり絵を見せる）」

持ち上がりの6年生なら、逆に使うこともできます。

「今までみんなといろいろな思い出を作ってきました。心の中をこのノートにたとえるなら、こんなふうに思い出がいっぱい詰まっています。でも、今日からはリセットして真っ白になってスタートです。最高学年としてたくさん思い出を描いていきましょう」

ワアーっと驚きの声が上がります。タネはばらさないで「ではさっそく、新しい教科書を読んでみましょう」と勉強をスタートします。**パッと切り替えることが大事**です。

❹　始業式から音読

始業式から音読をさせる効果は、

- 今日から新しい学習のが始まるという気運をもりあげる。
- 1日目の緊張感をやわらげる。
- クラスの一体感をつくる。
- ほめることで高学年の自信と自覚をもたせる。

国語の教科書の扉ページには、たいてい詩が載せられています。始業式にはこの詩を音読します。

最初は、連れ読み。教師が読んだところを真似して子どもたちが読みます。

1行ずつの連れ読みから、2行ずつ、半分、最後は全部の連れ読み…のように変化をつけて何度も読みます（65ページ参照）。

新しい学年になり、頑張ろうと思っているときですから、姿勢もよく、声もよく出ています。ここは、ほめるチャンスです。**音読にはほめる場面がたくさんあ**

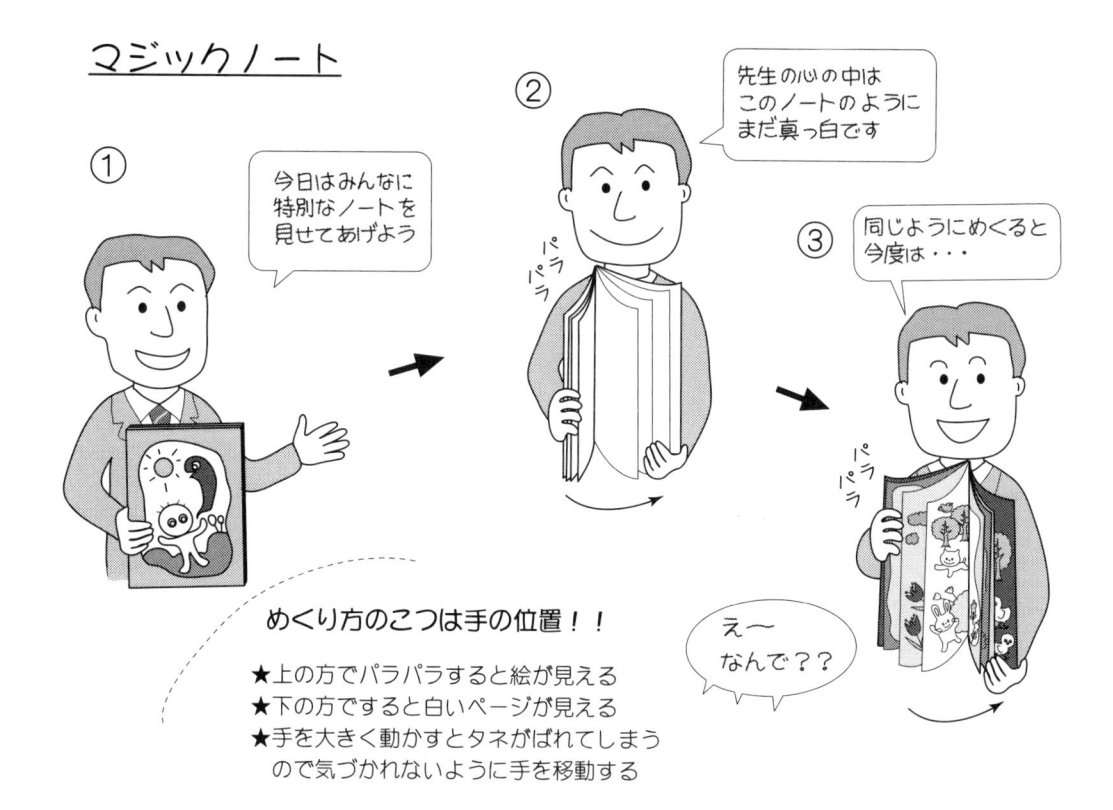

マジックノート

① 今日はみんなに特別なノートを見せてあげよう

② 先生の心の中はこのノートのようにまだ真っ白です

③ 同じようにめくると今度は・・・

え〜なんで？？

めくり方のこつは手の位置！！
★上の方でパラパラすると絵が見える
★下の方ですると白いページが見える
★手を大きく動かすとタネがばれてしまうので気づかれないように手を移動する

るので、そういう意味でも始業式に取り組むのにふさわしい活動です。

「すごい、さすが６年生だね」「しっかり声が出ていてびっくりしたよ」「本の持ち方や姿勢も完璧だね」などと、思い切りほめてあげましょう。

みんなで声を合わせることの気持ちよさにも気づかせたいと思います。なかなか声がそろわないときには、短いところを何度か練習するといいでしょう。声がそろうことの心地よさを感じてくれれば、合わせようと努力します。

「だんだんそろってきたね」「この短い間にも、すごく上達したね」などと、ほめて伸ばしてあげましょう。

高学年でもほめてもらうことで目に見えてうまくなってきます。「声が大きくなってきたよ」というと、さらに大きな声で読むようになるので不思議です。

❺ 教科書に記名する

次にしておきたいのは、教科書に名前を書くことです。

高学年は自分で書くのが当たり前です。でも放っておくと、鉛筆でいいかげんに書いていたり、ふざけたような字で書いたりしてしまう子もいます。そこで１日目に学校で書いてしまいます。名前ペンできちんとていねいに書くように話して、すぐその場で書かせて持ってこさせ、一人ずつチェックします。

国語が合格したら、算数、社会…というように１冊ずつチェックします。

こうすると、きれいに名前を書かせられるだけでなく、こちらも子どもの名前と顔がだんだん一致してきます。そんな

学級開きから音読へパッと切り替える

5・6年生　1日目

効果もあるので、ぜひ試してみてください。なお、名前ペンは数本、教室に用意しておきましょう。

(3) 下校の準備

❶ だらだら長引かせない

1日目に心がけたい二つ目は、だらだらと長引かせないということです。

始業式の日は、子どもたちは、担任の先生が誰だったか、どんな友だちと一緒になったかを家の人に早く知らせたいと思っています。家の人も待っていることでしょう。

ですから、あまりだらだらと長引かせるのはよくありません。やるべきことをテキパキとすませて、早く「さようなら」をしたいものです。

❷ 連絡帳を書く

1日の締めくくりは連絡帳です。書き方の詳しい指導は翌日もう一度するとして、1日目のこの日は「その日の一番きれいな字で書こう」と呼びかけます。

実は、連絡帳は単に宿題や持ち物の確認というだけでなく、ていねいに書くという訓練や漢字を定着させるというねらいも合わせもっています。1日にたった5分か10分のことですが、毎日1年間続けると大きな練習時間になります。

ですから、できるだけ漢字を使って書き、次の日にきちんとチェックするようにします。

❸ 最初の宿題も出す

「とても上手に音読ができたので、家の人にも聞かせてあげよう」と言って、音読の宿題を出します。高学年では1日目から音読カードを使います。

音読カードは、日付、読んだページなどとともに、「何日目」の欄をつくっておき、記念すべき「1日目」の宿題を記入してくるように告げます（カードは75ページに掲載）。

ここで大切なことは、**翌日の宿題の提出の仕方と連絡帳の提出の仕方を教えておきます。**

① 翌朝登校したら、教室の前の給食台の上の箱の中に、やったところを広げて、向きをそろえて出します。これは、教師が、スムーズに点検するためです。

② 宿題と一緒に連絡帳も前に出させます。宿題と同様に、書いてあるところを広げ、同じ向きで出させます。

朝出させるのは、家庭からの連絡に帰るときになって気づいたのではあわてて返事を書かなければならなかったり、場合によっては手遅れになってしまうこともあるからです。

連絡帳が書けたら帰る用意をして「さようなら」です。カエルがバトンを持ってスタートラインに立っているイラストを示して、「何かわかる？」と尋ねると、「あっ、カエルヨーイ（帰る用意）や」と誰かが言ってくれます。

全員そろって「さようなら」。子どもたちはうれしそうに帰って行きました。

★学級通信第1号

かくえきていしゃ
○○小学校 6年1組 川岸学級 2008.4.8

進級、おめでとう ございます！

いよいよ6年生ですね。最高学年です。この1年の喜連東小学校をつくっていく主役にふさわしい力をもっている子どもたちです。

どの子ももてる力を発揮して、楽しくすばらしい思い出をつくってくれたらと願っています。

微力ですが、2組3組の先生方とも力を合わせて、いい一年にしていきたいと思っています。どうぞよろしくお願いします。

この学級通信の名前は「かくえきていしゃ」と名づけました。

忙しい毎日ですが、子どもたちや保護者の方と悩んだり、時には立ち止まったりしながら一つひとつのことに、ていねいに向きあっていきたいという思いでつけました。

この学級通信に、6の1の子どもたちの作文を載せ、いっしょに読み合っていくのを楽しみにしています。

保護者の方の感想やご意見もおまちしていますので、お気軽におよせください。

ちょっと知っ得コーナー

こんな漢字、書いていませんか？
☆どこかまちがっています。さがしてください。

① 勝つ　② 寒い　③ 農きょう　④ 散る

いずれも、3～4年生で習った漢字ですが、よく間違える漢字です。次のように覚えると、書きまちがえることが少なくなります。

① にくづきが ソー大きく 力で勝る
　月 𦙾 胖 勝

② ウうさむい 二月ハてんで 寒い寒風
　宀 宀 宲 実 寒

③ 曲がって 一ノニ しくレーション
　曲 農戸戸 農農

④ サと一月 ぼくてき散らし 分けて分散
　" 青 散

あすより、給食が始まります。ナフキン、三角きん、マスクを用意して下さい。

☆ 4月はおたよりや提出物の多い月です。6年生といえども、毎日連絡帳を見てあげるなり、声をかけてあげるなり、場合によってはいっしょに持ち物を確かめてあげるなりして、期日までに学校に届けていただけますよう、ご協力よろしくお願いします。

（正解 ① 勝 ② 寒 ③ 農 ④ 散）

★学力づくりスタートのための
高学年第1日目の下校準備のポイント

① 連絡帳を書かせる…「今日一番きれいな字で書こう」
② 宿題を出す…音読（音読カード）
③ 翌日登校時の宿題…連絡帳の提出について教えておく

楽しい気分で下校させたい

カエル ヨーイや

成長の記録
連 連らくちょうと宿題とふうとうを前に出す

連絡帳はその日一番ていねいな字で記入させる

5・6年生　1日目

2日目の1時間目

学級活動 係・日直の仕事を決める

★時間配分の目安★
5分　必要な係とその名前
20分　担当決定
15分　掲示物を描く
5分　日直について

(1) 朝の学習

　始業から1時間目が始まるまでの「朝の会の時間」にうろうろさせていてはいけません。2日目から朝学習を始め、座っている習慣をつけましょう。

　前学年の漢字のプリントなどを用意しておき、取り組んでおくように指示します。担任は職員朝会があるので、べったり教室にいるわけにはいきません。遅れてきた子にもわかるように、黒板にも「プリントをしよう」のようなメッセージを書いておくといいでしょう。

　あまり難しいものはやめ、短時間で簡単にできるものがいいでしょう。担任が教室に来たら、すぐ集めます。

(2) 係は希望を取って公平に決める

❶ 係を設定する

　どんな係をつくるのか、どれくらいの人数にするのかを話し合って決めます。黒板全体を使ってわかりやすく書きます。後で名前が書けるようにスペースもあけておきます（板書例は71ページ参照）。

❷ 希望者が多かったら

　❶がすんだら第一希望を取ります。一つずつ係の名前を言っていき、手を挙げさせます。希望者が定員同数か少ないときは決定ですから、黒板に名前を書きます。定員をオーバーしたときは、希望者人数だけを黒板に書いておきます。決定は、各係の第一希望をひととおり聞いてから、じゃんけんをして決めます。

　途中でじゃんけんをすると混乱します。じゃんけんで負けた子が「じゃあ、次○○係にする」と勝手に言い出したりするからです。公平性をくずすと、あとからもめるもとになります。あわてずに慎重にしましょう。

　ひととおり第一希望を聞き、じゃんけんで希望者多数の係の担当者が決まったら、第一希望で定員に達していない係について順に希望を取り、さきほどと同じようにして決めていきます。

❸ ユニークな名前にする

　係活動では、定番の図書係や体育係、保健係、音楽係などをつくりますが、高学年では名前を少しユニークなものにすることを提案すると、新鮮味を感じて前向きに頑張ってくれます。

　私のクラスでは、みんなで話し合って、次のようにしたこともあります。

　図書係→ブックランド
　配り係→宅急便

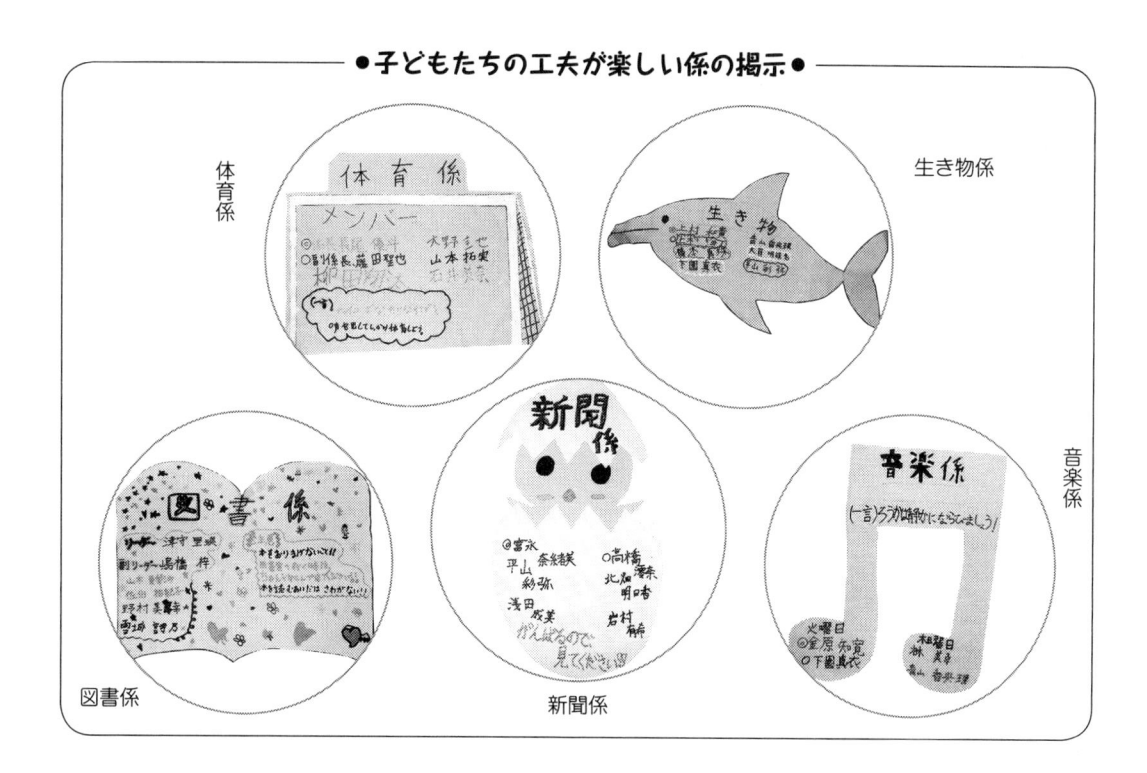

● 子どもたちの工夫が楽しい係の掲示 ●

体育係　生き物係

図書係　新聞係　音楽係

保健係→クリニック
学習係→ECC
音楽係→オーケストラ
体育係→スポーツセンター
忘れ物係→お預かりセンター
お助け→レスキュー隊

学級の名前を頭にかぶせて「○○ブックランド」のようにすると、愛着をもって取り組みます。

❹ すぐに掲示物をつくる

係が決まったら、間をおかずに係ごとに集まらせて掲示物をつくります。最初の授業参観までに掲示して、保護者に見てもらえるようにします。

八つ切り色画用紙と水性ペンを用意しておきます。上の写真のように係ごとに形を工夫させると楽しい壁面飾りになります。書くことは、係名、メンバー、リーダー名、目当てやみんなへのメッセージなどです。係によって完成には時間差ができます。時間内に描けない場合は、4日目以降にあらためて時間をとりましょう。

(3) 日直は席順で

日直は席順で二人ずつにします。黒板の日付の下にチョークでその日の日直の名前を書きます。高学年ですから、仕事内容を確認して、最初の二人組にこの日から日直の仕事をしてもらいます。

仕事は、朝のあいさつの号令、黒板消し、配膳台の準備と片付け、給食のあいさつ、帰りの会の司会、帰りのあいさつ。一日の終わりには、翌日の日直の名前を黒板に書いて終了です。

係にはユニークな名前をつけよう

2日目の2時間目

算数　授業の組み立て

★時間配分の目安★
10分　100マス計算
30分　単元学習
5分　感想文

(1) 算数の冒頭は必ず計算を

❶ 100マス計算の意味を話す

　高学年であっても学年のスタートの時期から「100マスかけ算」をします。なぜなら、タイムが伸びていくことで「自分もやればできるんだ」という気持ちになってもらえるからです。6年生では、倍数の勉強の前にかけ算のおさらいにもなります。

　最初の時間に、これから毎日100マス計算をしていくことを告げ、続ければ必ずタイムが上がること、脳が活性化して賢くなることなどを説明します。

❷ 実際にやってみる

　「よーい、ドン」ではじめ、できたら「ハイ」と手を挙げさせ、教師は「1分42秒」というようにタイムを告げます。

　翌日は、前日の自分の記録との挑戦です。決して友だちとの対戦ではありません。そのことを、最初に強調しておくことが大切です。そうすれば、タイムの遅い子もやる気を持ち続けることができ、最終的には縮めたタイムが速い子を上回るという逆転現象を引き起こすこともあります（100マス計算については76、77ページ参照）。

(2) 高学年らしい学習の仕方を示す

❶ 発言の仕方、正しい姿勢を確認

　算数の時間は、学習の仕方を学ぶいい機会です。「話は目で聞く」「手を挙げて指名されてから発言する」「勉強中の姿勢は、足の裏をきちんと床につける」など基本的な学習規律を、高学年らしく確認しながら授業を進めましょう。

　教科書にきちんと折り目をつけるのも大切なことです。表紙を開いて折り目をつけ、本の真ん中あたり、裏表紙も同じようにして開きやすくしておきます（42ページ図参照）。

定規を使った線の引き方

◆きれいなノートづくりには定規はかかせない。

鉛筆を前にかたむける

指を広げてしっかりと定規を押さえる！

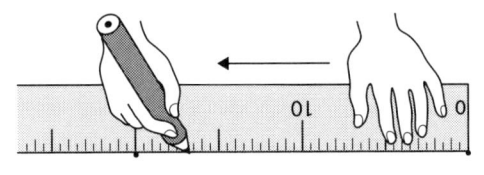

始点と終点をうち、結ぶ

高学年になると、雑になる子もいるので、あらためて指導しておこう

❷ 問題を全員で音読し、学ぶテーマを示す

算数でも音読を重視することも確認し、実際に教科書の最初の問題をみんなで連れ読みをしたり、全員でいっせいに読ませたりします。音読は、授業に集中し、問題のイメージを膨らませるうえでも、役に立ちます。

ここで、この日学習する内容のテーマを示します。

たとえば算数の授業びらきのこの日は「倍数を理解する」というようにです。

❸ ノート指導

ノートを見やすく書くということも指導します。宿題のまるつけのときなどに困るので、ページや問題番号をかけるように左端に線をひいておくなどの約束事も決めておきます。

高学年になると、下敷きを使わなかったり、定規を使わなかったりと乱暴なノートの使い方をする子どもがいます。

「きれいな見やすいノートをつくると賢くなります」などと言葉を添えます。

❹ まとめを書かせる

授業の締めくくりは「今日、学んだこと」を❷で示した目標に照らし合わせて、授業の最後にそれが達成できたかを自分の言葉でまとめます。

- 3の倍数は3に整数をかけてできる数だとわかった。
- 3の倍数は3で割り切れるかどうかでわかる。
- 3の倍数は九九の3の段といっしょだ。

その子なりの理解度も把握できますし、自分の教え方を振り返るのにも役に立ちます。ぜひ、試してみてください。

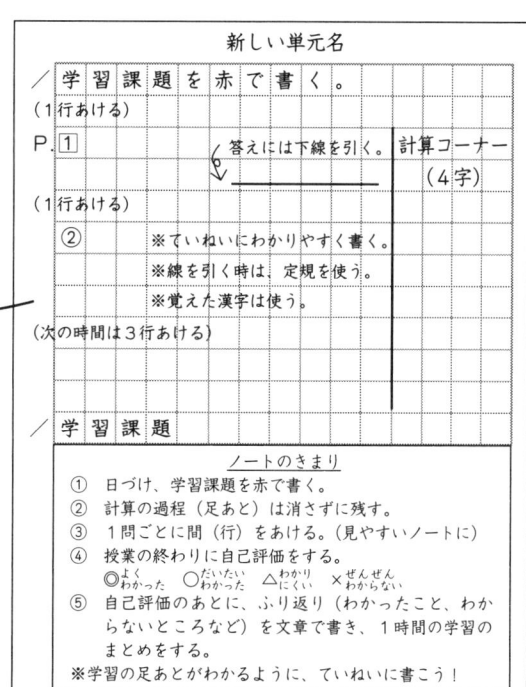

◆4月、ノートの1ページ目のとなりに「ノートのきまり」を貼らせる。

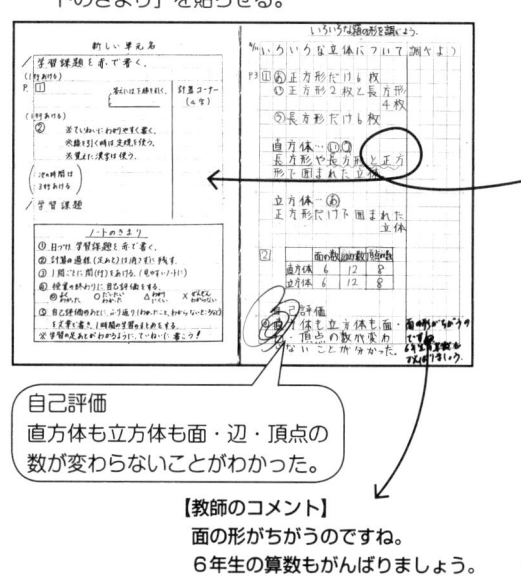

自己評価
直方体も立方体も面・辺・頂点の数が変わらないことがわかった。

【教師のコメント】
面の形がちがうのですね。
6年生の算数もがんばりましょう。

新しい単元名

学習課題を赤で書く。
(1行あける)
P.① 答えには下線を引く。　計算コーナー (4字)
(1行あける)
② ※ていねいにわかりやすく書く。
※線を引く時は、定規を使う。
※覚えた漢字は使う。
(次の時間は3行あける)

学習課題

ノートのきまり
① 日づけ、学習課題を赤で書く。
② 計算の過程(足あと)は消さずに残す。
③ 1問ごとに間(行)をあける。(見やすいノートに)
④ 授業の終わりに自己評価をする。
　◎よくわかった　○だいたい　△わかりにくい　×ぜんぜんわからない
⑤ 自己評価のあとに、ふり返り(わかったこと、わからないところなど)を文章で書き、1時間の学習のまとめをする。
※学習の足あとがわかるように、ていねいに書こう！

☞ 算数でも音読することを徹底する

2日目の3時間目

国語　授業の組み立て

★時間配分の目安★
15分　漢字指導
10分　音読
20分　読み取り

(1) 子どもが指導する新出漢字

❶ 新出漢字の指導手順

　国語の授業の冒頭には新出漢字をします。高学年でも、授業できちんと新出漢字を指導することは大切なことです。

　1日に2字などと決めコンスタントに進めていきます。

　読み→部首→筆順→書く練習→熟語などのようにパターンを決めておくと、スムーズに練習できます。

　まず黒板に大きく新出漢字を書き、音読みと訓読みを確認します。続いて部首も確かめます。同じ部首の漢字をいくつかあげてもらいます。仲間の漢字を集めると、その漢字のイメージも膨らみます。

　次は筆順です。全員で空書きをします。子どもたちと向き合って、空中に書くのです。子どもたちから見て正しい向きになるように、教師は左手で左右逆の鏡文字を書きましょう。子どもたちは、それを見て書き順を確かめられます。

　それができたら、まだ鉛筆は持たないで、机の上に指書きをします。しっかり指書きをしてから、鉛筆を持って手本をなぞります。

　「1ミリもはみ出さないように」と声をかけてていねいになぞらせましょう。

❷ 子どもが指導する新出漢字へ

　最初の三日間は、左のように教師が手本を示して進出漢字の学習を進めます。

　その後は、子どもたちに新出漢字を一字ずつ担当させて「漢字当番」とし、高学年らしく教師の代わりに指導させます。

　漢字ドリルを見ながら、一人一字ずつ担当する漢字を決めていきます。担当した字については、先生と同じように左手で鏡文字を書く練習をしておくように言っておきます。

　「漢字当番」のマニュアルをつくって、

**高学年の漢字は
小学校の学習漢字のまとめです**

① 自学自習にせず、学級で取り組む。
② 熟語と漢字の意味との関係を深める。
　例）縦　読みは　じゅう・たて
　　　意味から熟語へ
　　　　「たて」⇔縦隊
　　　　「自由にする」⇔操縦

それを見ながらさせるようにします（資料参照）。

(2) 教科書の教材に入る

❶ 全員で音読を

漢字の後は教科書教材の音読です。最初は「連れ読み」です。「、」や「。」まで教師が読み、その後にまねをして子どもたちに続けさせます。漢字が苦手な子でもお手本を聞いてから読めるので安心して読めます。

しっかり声が出ている子や、姿勢のいい子をほめると、さらにいい声で読んでくれます。高学年でも音読をほめてもらうのはうれしいようです。

正しく読めるようになったら、次は「交代読み」をします。一文ずつ、教師と子どもたちが交代して読む読み方です。最後まで読めたら、今度は前後を交代して読みます。

そのあと、クラスを半分に分けて、交代読みをします。廊下側と窓側のように二つのグループで読み合いをします。お互いに相手グループの声に負けまいと、大きな声が出せます。

❷ 読み取りは「発問」がかぎ

「登場人物はだれでしょう」「主人公の気持ちは変化したか、しなかったか」

このような全員答えが用意できる発問をします。毎日の授業では、数人の子の発言だけで進んでいかないようにし、全員が自分の答えを持ち、たとえ発言しなくても自分の答えが正しいのかどうかを考えさせたいものです。

漢字当番

① 漢字当番
② 音読みは…
③ 訓読みは…
④ 読みましょう。
⑤ 部首は…
⑥ なぞり書きをします。
⑦ 空書きをしてください。イチ、二、…
⑧ 指書きをします。イチ、二、…
⑨ のこりを書いてください。イチ、二、…
⑩ 礼をして終わる。

今日の漢字と読み（音と訓）を書いたら始めます

「漢字当番マニュアル」をつくって普段は教卓の棚に入れておく

空書きをします
イチ、ニ・・・

2日目の4時間目

学級活動　給食当番を決める

★時間配分の目安★
25分　当番を決める
10分　名前カード
10分　準備

(1) 給食当番のグループは固定に

　学年が変って給食準備の仕方で混乱しないように、配膳式かカフェテリア式か、机はグループにするのかしないのか、などを前もって決め、テキパキと指示できるようにしておきましょう。

　私のクラスでは、席や生活班とは関係なく、給食当番用のグループをつくります。36人クラスだったので、12人ずつ3班をつくりました。このように固定しておけば、席替えごとに給食当番用の掲示物をつくり換えなくてすみます。

　これらをA班B班C班とし、1番から12番までを2人ずつペアにし、この番号を使用するエプロンの番号にします。

　班の決め方はくじ引きです。（2）のように、くじは掲示のときに使う名前カードを兼用します。

　ABCの班を決めたら、さっそく「パン」「牛乳」「おかず」「食器」…などの役割を割り振って掲示用の一覧表をつくります。

　そして1週間ごとに交替し、一巡して2回目が回ってきたときには、「食器」「パン」「牛乳」「おかず」…のように役割をずらしていきます。

(2) すぐできる掲示物の作り方

　各教室にはそれぞれ担任が工夫した当番表が貼ってあります。簡単に作成できて楽しそうな当番表って、ないものでしょうか。私がここ数年同じやり方でつくっている当番表を紹介します。36人として説明していますので、くじ枚数や枠の数は変えてください。

　まず準備として、表の台紙と各自の名前カード（くじ兼用）を用意します。台紙は緑色の四つ切りの色画用紙、表の枠は定規で線を引くのでは手間なので、右図のように折って線をつくります。

　子どもたちの名前を書くのは、黄色の色画用紙を使います。枠に入る大きさに切って36枚（クラスの人数分）用意しました。このカードの裏に鉛筆で「A1」～「C12」（クラスの人数に応じて）までを書いて半分に折り、そのままくじ引きの用紙として配ります。くじを引いた後は、自分で名前ペンで名前を書かせて回収です。回収したカードを台紙に貼れば掲示物のでき上がりです。

(3) 準備のシステム

　給食当番が決まり、掲示物の名前が書

けたら、早めに準備を始めましょう。年度はじめの給食室は込み合います。準備の時間は待つ子どもたちが遊ぶ隙間をつくらないことが大きなポイントです。

　まずは、机をグループに合わせます。学校によってはその後、ナフキンを敷いてテーブルを用意します。当番はエプロンを着て廊下に並び、ほかの子は手を洗って座ります。このとき、「3分以内」などと時間を設定して用意させるといいでしょう。「待っている子は読書」とルールを決めておくとうるさくなりません。

　給食室から運んできたら、当番の子全員で配膳します。ここでも配膳の順などルールを決めておきます。それは、準備の進行具合がわかるからです。先生の分を先に、次に給食当番の子の分、あとは遠くの子から配っていきます。

　あまったおかずは教師が分けます。これはほかの学年と同じです（詳しくは48ページ参照）。

　こうして、気持ちよく配膳して「いただきまーす！」

台紙の作り方

*画用紙は縦長にして、たて半分に2回折る。4つに区切りができる。左端にABCの班を書く部分を取ってから、横に6等分する。これで台紙は出来上がり。

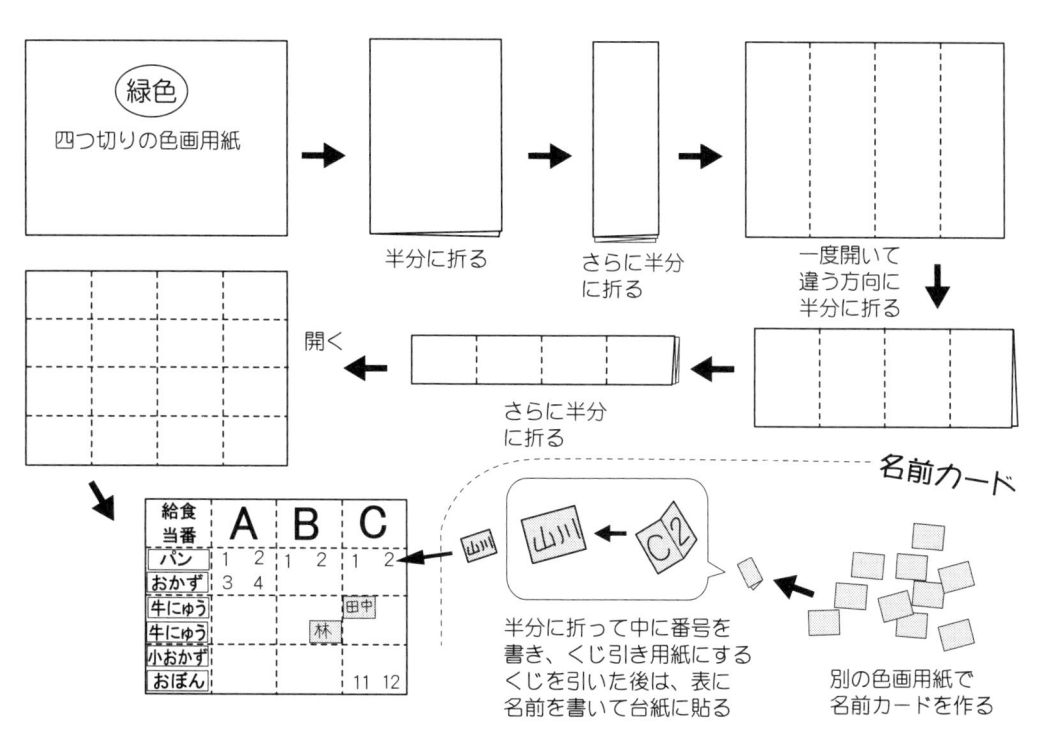

（緑色）四つ切りの色画用紙 → 半分に折る → さらに半分に折る → 一度開いて違う方向に半分に折る → さらに半分に折る → 開く

名前カード：半分に折って中に番号を書き、くじ引き用紙にする　くじを引いた後は、表に名前を書いて台紙に貼る

別の色画用紙で名前カードを作る

給食当番	A	B	C
パン	1　2	1　2	1　2
おかず	3　4		
牛にゅう			田中
牛にゅう		林	
小おかず			
おぼん			11　12

仕事は「パン」「大おかず」…と札をつくり裏にマグネットシールを貼って移動可能にします。一巡したらこの仕事札を移動させます。

☞ 当番表はその場でつくって、時間をかけない

2日目の5時間目

学級活動　掃除と連絡帳指導

★時間配分の目安★
10分　掃除の反省
25分　連絡帳
10分　下校準備

(1)　掃除分担は細かく

昼休みの後は、はじめての掃除です。グループ（生活班）ごとに割り振って掃除場所を決めておきます。給食の終わりに子どもたちに伝えます。

高学年になると教室だけでなく、階段や特別教室など清掃分担場所が増えるので、細かい割り振りが必要です。「教室はく」「教室ふく」「教室はこぶ」「廊下」「階段」「音楽室」などのように分けますが、まだ始めのころは担当する場所が決まっていないので、仮の分担になります。

掃除時間には各分担場所を回って、掃除の仕方を指導します。各分担場所のポイントを指示します。

(2)　ていねいな連絡帳で保護者の信頼を

❶　ていねいに書く二つのわけ

高学年になると、メモみたいなものに汚い字で走り書きしていたり、中には「覚えているから」とまったく連絡帳を書かない子もいたりします。すると、結果として忘れ物が日常化したり、学校の様子を親がまったく知らないということが起こります。

低中学年のころとくらべて、子どもの親離れが進み、それと同時に親が手を離してしまうことが多くなるので、その傾向はますます顕著になります。ですから、連絡帳は保護者に学校の様子の一端を知ってもらう「架け橋」として大切にしたいものです。

もう一つは、連絡帳はよほどのことがない限り毎日書くので、文字の練習にもってこいだということです。ていねいに書かせることで、**継続した文字指導**ができます。

❷　□（マス）がポイント、連絡帳の書かせ方

まずは、宿題を書きます。□を書いて、その下に「計算ドリル3ページ」のように内容をきちんと書かせます。つぎに、そのとなりにまた□を書いて「音読国語6・7ページ3回」のように続けます。□は、家に帰って宿題をすませたら□にチェックを入れるチェック・ボックスです。つぎに、「持ち物」「連絡」「手紙」「忘れ物」の順に書いていきます。

最初のうちは、教師が黒板に書いて、それを写させるようにします。習った漢字をできるだけ使い、熟語にも触れてもらいたいので「定規を忘れないように注意しよう」「宿題は登校したらすぐ提出する」などのように意識して書きます。

■2週間後、毎日きれいに書いていると花マルが大きくなって、ついにくす玉になって割れるしかけ　　■1日目の連絡帳

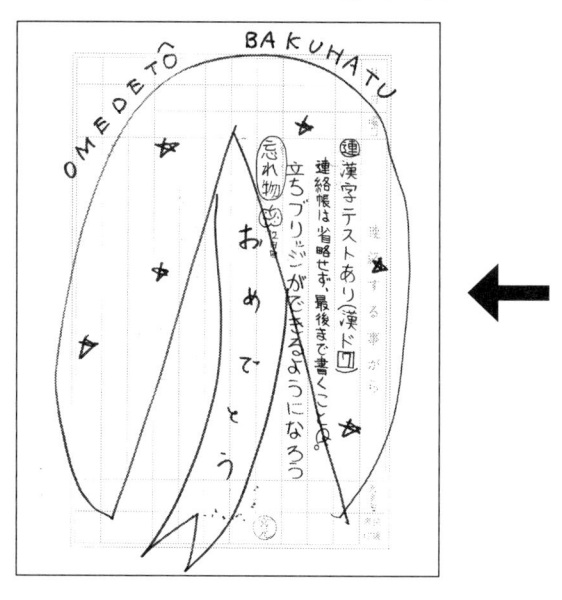

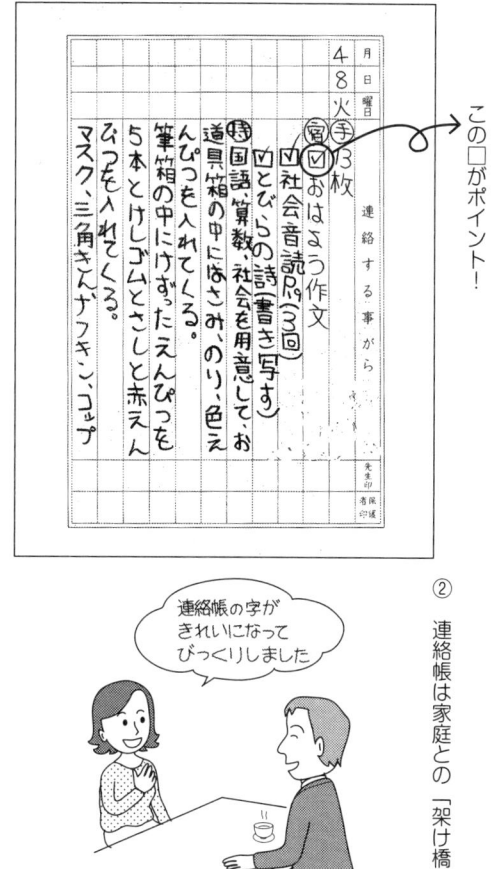

① 連絡帳で毎日文字指導

連絡帳には習った漢字を使って熟語で書かせよう。

② 連絡帳は家庭との「架け橋」

「連絡帳の字がきれいになってびっくりしました」

❸ 忘れ物は赤字で

最後の「忘れ物」は、赤鉛筆で書きます。忘れ物があったときは「算数の教科書」「音読カード」などのように具体的に書かせます。忘れ物がなかったときは、中学年と同じように（70ページ）、果物のナシの絵を描かせます。どこまで忘れ物ナシを続けられるか頑張らせると励みにしてくれます。

❹ 連絡帳ははなまるで評価

連絡帳は、翌日評価します。登校したら、宿題と一緒に連絡帳も提出します。こうすると、家庭から連絡があったときも早く知ることができて便利です。

１日目の連絡帳には全員に花まるをつけます。そして「明日もていねいに書けていたら花まるがどんどん大きくなるよ」と言っておきます。

子どもたちは、毎日それを励みにていねいな連絡帳を書くようになり、家庭訪問のころには、「連絡帳の字が見ちがえるようにきれいになり、びっくりしました」とうれしい感想を聞かせてもらえることでしょう。

連絡帳で文字指導・熟語指導ができる

５・６年生　２日目

3日目の1時間目
計算・漢字実態調査

★時間配分の目安★
20分　計算実態調査
20分　漢字実態調査
（残り5分は回収）

(1) 前学年までの定着度を調査

❶ 学力を数値化し指導の方針をたてる

クラスの学力実態を早いうちに把握できるように、漢字と計算の実態調査を行います。

5年生なら3年・4年、6年生なら3年〜5年までの問題をします。こうすれば、どの学年のどの課題でつまずいているかがよくわかります。一般的に、計算は4年以降、漢字では3年以降からガクンと落ちると言われています（6年生はクラスの実態に応じて4・5年でも可）。

私が担任した6年生のクラス（33人）では、計算3年生の問題で100点が16人いたのに、4年生ではたったの4人です。平均点も90点から73点に下がっています。三口の加減算、割り算の筆算、小数点の打ち方などでつまずきが目立ちました。

漢字は、2年生の問題で100点が20人なのに、3年生では5人に激減しています。平均点は、2年が89点なのに3年生では62点になっていました。中学年の「勝」「寒」「散」「農」などの字があやふやでした。

このような実態を明らかにし、この後の指導の方針をたてるために調査をするのです。

計算でさかのぼって指導（さかのぼり学習）をしたり、漢字では音声化して筆順を確かめたりする必要性も感じることができます。

❷ 調査の仕方

131ページ〜の問題を使います。

子どもたちには「今までの学習でどれくらい力がついたのか、計算と漢字で試してみましょう」と言って、はじめに計算実態調査をします。20分経過したら回収し、次に漢字実態調査をし、20分経過したら回収します。

採点は教師がし、記録します（記録の仕方は84ページ参照）。

(2) 学年全体で取り組めば効果大

実態調査はできれば自分のクラスだけでなく、となりのクラスや学年全体、隣接学年などに広げていきたいものです。

そうすれば、学年や学校全体として学力の基礎づくりが位置づけられて、子どもたちの学力をみんなで高めていくことができます。

どのクラスでも漢字や計算・音読に力を入れていけば遅れがちな子を伸ばし、

たとえ1年で結果が出なくても、小学校6年間の中で力を伸ばしていくことができるでしょう。

学年の会議や研修部会などを通して、学校ぐるみで取り組んでいけるようアイデアを出し合いましょう。力を合わせて学力づくりができると、教えることが楽しくなります。

★さかのぼり学習は☆

- 計算は、100マス計算を中心に
- 漢字は、リズム漢字がおすすめ

計算は、100マス計算などを算数の授業の始めで取り入れ、計算に対する自信を回復させます（100マス計算の指導は80ページ）。

漢字は、「リズム漢字」が前学年までの漢字を復習するにはぴったりの教材です。「リズム漢字」は、学年ごとの漢字が1枚に収められているもので、「四月入学一年生」のように七つずつの漢字がうまく並べられていて、声に出して読むのに最適です。

リズムに合わせてみんなで声をそろえて読むのは楽しいものです。繰り返し読んでいると、暗唱してしまう子も出てきます。

漢字は、何度も見たり読んだりして触れているうちに身についていくものです。毎日朝の会なり国語の時間の冒頭なり、帰りの会なりに続けて読むようにするといいでしょう。

電子オルガンで8ビートのリズムを流しながら読むと、体でリズムを取りながらノリノリで読んでくれる子もいます。

【教材】

『学力研100マス計算』（フォーラム・A）学年別に全6冊刊行。

『リズムでおぼえる漢字学習（CD付）』（鈴木基久著　清風堂書店）。小学校の全学習漢字がリズム文になっている。
書き取り練習のページもあるので、時間を工夫して書きの練習もさせられる。

★リズム漢字台本シートのつくり方☆

① 3年生分と4年生分を人数分コピーして配る。
② ①のコピーを画用紙の両面に貼らせる。

八ツ切り画用紙の台紙に貼る

両面が台本になる

実態調査は、子どものつまずきの原因を探るのに効果大

3日目の2時間目

★時間配分の目安★
15分　都道府県名暗記
30分　5円玉（人類の歴史）

社会　五円玉を使って（5年生）
　　　紙テープを使って（6年生）

(1) はじめの15分は都道府県名

❶ ぜひ覚えさせたい都道府県名

　高学年になると、社会科が好きになる子とそうでない子に分かれてきます。興味のある子はどんどん覚え、覚えているからさらに好きになる、といういいサイクルになります。

　「覚えてきなさい」と子ども任せにしないで、学校でこそ覚える練習を全員にさせることが大切です。4月は都道府県名を覚えさせましょう。
（都道府県名は、2011年からの指導要領では3～4年生で取り組むことになりました。）

❷ リズムよく唱える

　初めての社会の時間には、大きな掛け地図を持って教室に入ります。これだけで、子どもたちは興味を示します。

　1時間目は、北海道と東北地方です。掛け地図をみんなで見ながら「北海道といえば？」「青森で有名なものは？」のように、イメージを膨らませていきます。

　北海道はみんなよく知っていて、すぐ覚えられます。簡単だと思わせるのも重要なポイントです。続いて東北地方の暗唱に進みます。東北地方は6県あるので、「二つに分けると簡単だよ」と言ってやり、「青森・岩手・宮城」と「秋田・山形・福島」に分けます。

　日本の県名は三音と四音が多いので、組み合わせると七音になりリズムよく言えるのが特徴です。ですから、覚える順番を必ず決めておきます。

❸ 県名の覚え方

　黒板に「青森・岩手・宮城」の三つの県名を書き、全員で3回声をそろえて読みます。次に、「青森」だけを消して、また3回読みます。その次は、「岩手」を消してまた3回読みます。宮城も同じようにします。このようにして、何度も声に出して唱えることで、ほとんどの子が言えるようになります。

　後半の「秋田・山形・福島」も同じようにして覚えます。そして、最後に前半と後半を一緒にして練習します。

　6県になると戸惑う子もいますので、掛け地図を棒で指しながら唱えます。こうすると位置も確認できます。ここまでで15分。社会の時間の最初15分を使った取り組みです。「次回は関東地方をするよ」と予告して終了です。（都道府県名の暗唱カードは118ページ）

(2) 最初の授業は印象深く

❶ 五円玉を描かせる／5年生

5年生の最初の授業でやってみたいのは、「五円玉」の授業です。

「皆さんは五円玉を知っていますね。ノートに五円玉の絵を描いてみましょう」と指示して、何も見ずに一人ひとりに描かせます。

何人かに前に出て描いてもらってから、正解を示します。

五円玉に描かれている稲穂は農業を、歯車は工業を、横線は海を表し水産業を示していることを説明し、「社会科ではこれから日本の産業を勉強していきます」と締めくくります。楽しく社会科の勉強ができそうだと思ってもらえるといいですね。

❷ 紙テープで人類の歴史を／6年生

6年生なら、「人類の歴史はどれくらい？」の授業はいかがでしょう。地球46億年の歴史を黒板に貼った紙テープで表します。長さは4.6メートル。左端が46億年前、右端が現在です。生命の誕生が40億年前。そのあたりに矢印をして、「生命誕生」と記入します。

このあと班で相談して、どこが人類の祖先が誕生したところかを考えさせ、その箇所に班の番号を書いたカードを張り付けさせるのです。ほとんどの班がテープの真ん中あたりに貼りますが、正解は現在からわずか4ミリの所。

地球の歴史からみると人類の歴史はとても新しい、その人類がたどってきた歴史の中で、日本とその周りの国々の関係をこれから勉強していきましょう、と締めくくります。

紙テープ（4.6m）　現在
46億年　40億年（生命の誕生）

1班　3班　5班　2班　6班　4班

班のカードを貼り下に理由を書く

正解は現在から4ミリのところです。南アフリカ共和国で発見されたアウストラロピテクスが最初の人類だとされています。

兵庫・深沢英雄氏実践より

最初の15分、暗記物でリズムよく始める

3日目の3時間目

図書の時間

★時間配分の目安★
5分　本を選ぶ
30分　読書
10分　返却

(1) 図書室での「三つのおきて」

学年はじめは時間割が決まっていないので、図書室が空いていることが多いものです。早めに図書室を使って読書活動を始めましょう。

❶ 席を離れるのは本を選ぶときと返すときだけ

図書室に行く前の時間に（2）の「読書の旅」の話をして、この日読了した本があれば、書名、ページ数を記録しておくように言っておきます。（筆記用具持参）

最初の5分間で、好きな本を選びます。このとき、1冊を読み終わって取り替えに行かなくてもいいように2～3冊選ばせます。うろうろする子がいると読書に集中できないので、立ってもいいのはこの時間だけです。教師は黒板に「三つのおきて」を書いておきます。「三つのおきて」とは「立たない・しゃべらない・姿勢を崩さない」です。

みんなが本を選び終わったら、図書係が図書室での「三つのおきて」を言います。この約束を守って読ませると、シーンとした中で落ち着いて読書の世界に浸ることができるわけです。

教師はこの時期、事務的な仕事がどっさりとありますから、この間に少しでも進めておくといいでしょう。

❷ 本を借りて帰る

終業10分前には返却を始め、1冊借ります。**図書の時間の後は必ず1冊借りて帰ること**も、習慣にしておきます。この日ははじめてなので、教師が係といっしょに貸し出し事務をします。

(2) みんなで「読書の旅」

読書の記録はいろいろあります。

なかでも「みんなで読書の旅」はクラスの中に読書をする熱気が生まれてくるのでおすすめです。はじめての図書の時間からスタートします。

八つ切りの画用紙に、月日と名前、書名、ページ数を記録できるような表をつくっておきます。読了したら読んだページ数を表に記録するようにしておくのです。個人個人の記録ではなくて、1枚の記録用紙にクラスのみんなで記入していくわけです。

記録用紙は黒板に磁石で貼っておき、休み時間に読んだときでも記入できるようにします。記録用紙がいっぱいになったら、ページ数を合計してみんなで何ペ

ージ読めたかを確認しあいます。3000ペ
ージや5000ページなど、目標を決めてみ
んなで取り組んでいくと、読書を通して
クラスに一体感も生まれます。

(3)「隙間の時間は読書」の習慣を

このようにして、学級の中に読書の習慣を培っていくと、三つのメリットがあります。一つは、物語の世界を味わうことによってイメージする力が豊かになり、また未知の漢字に触れたりして、子どもの力が伸びるということです。

もう一つは、課題が早く終わってしまった子がおしゃべりをして、クラスがざわざわするのを防ぐことができるという点です。「隙間の時間には読書」というルールを決めておけば、次の課題をあわてて用意する必要がなくなります。

いつでもすぐ読書ができるように、机の中に読みかけの本を入れておくことをいつも言っています。読書の面白さがわかってきた子は、ちょっとした時間にも本を出して読んでいます。

学級の中で読書の気運が盛り上がっていくと、落ち着いた雰囲気のクラスになります。これが三つめのメリットです。

4月15日からはじめて4月20日で計1068ページみんなで読みました。

★どんな本がいいか子どもが迷ったときに…。☆

すべて図書室にあるというわけではありませんが、あらかじめ10冊程度の定番リストを配っておいてもよいかもしれません。これは私のクラスで人気だった本です。

『ハーフ』草野たき　ポプラ社
　父一人、子一人、母一匹のおかしな家族の再生物語。
『白狐魔記　源平の風』斉藤洋　偕成社
　修行により人間に化けることができるようになった狐が源平合戦に出会って…。
『白狐魔記　蒙古の波』斉藤洋　偕成社
『佐藤さん』片川優子　講談社
『ホラーバス』パウル・ヴァンローン作・岩井智子訳　学研
『真夜中の図書館』ニック・シャドウ・堂田和美＝訳　ゴマブックス
『西の魔女が死んだ』梨木香歩　小学館
『ホームレス中学生』田村裕　ワニブックス
『バッテリー』あさのあつこ　教育画劇（角川文庫）
『ダイブ』森絵都　角川書店

5・6年生　3日目

3日目の4時間目

体育 マット運動

★時間配分の目安★
12分　並び方練習
5分　準備
8分　柔軟体操
20分　ブリッジ

　「三日間」のうちに体育をするねらいは、さまざまな場面で役立つ並び方の練習と、教師の指示に従って体を動かすことで、できなかったことができるようになった体験をさせることです。

(1) 並び方を決めておく

　運動場や体育館で体育をスタートする前に、並び方をきちんと確認させます。
　発育測定の結果を養護教諭から教えてもらって、まずは身長順で2列をつくります。これは男女混合です。全校朝会や遠足などの並び方です。（学年・学校によっては男女別。）
　4列並びは、体育のときに整列する並び方です。高学年では、男女別にします。2人組ペアで体操をするときなどに便利だからです。
　授業の前に、朝の会などで背面黒板に書いたり、プリントして全員に配ったりして、並び方と自分の位置をあらかじめ覚えさせておきます。前から何列目か、誰のとなりかなどを確かめさせておくといいでしょう。
　できれば、「写真並び」（57ページ参照）も決めておきましょう。これも、背面黒板に書いておきます。クラス写真を撮るときに気持ちよくさっと並べます。

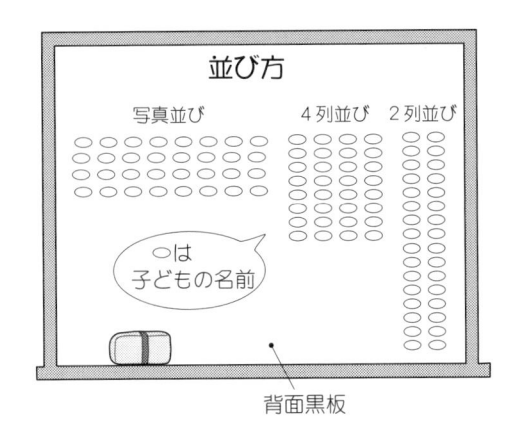

（並び方／写真並び　4列並び　2列並び　○は子どもの名前　背面黒板）

◆事前に書いて掲示します。

(2) 初日から「マット運動」

❶ 体育の苦手な子も参加できる

　どの子もできる実感をもたせるには、ボール運動よりマット運動です。高学年ではボールの扱いの能力に大きな差がついていますから、そのために体育が苦手だと思い込んでいる子もいます。その点、マット運動なら、少しずつ上達していく実感を味わうことができます。
　秋の運動会で組み立て体操をするのであれば、「6年生の運動会で一番に思い浮かぶことといえば組立て体操です。運動会の組立て体操で、6年生全員が力を発揮して活躍できるように、今日から三つの技に取り組んでいきます」と目標を話します。初日は全員でマットを準備します。準備運動をした後、ブリッジと倒

ブリッジ できるだけ高いブリッジをめざす

あごをひらく
おへその向きは？
天井
足はピタッ
床の色は？
茶色
足のウラはつける

かべ倒立

床を見る

けって上がれない子は長ズボンをはかせ、先生が裾を持って上げてやります

側転

スタートは片足を前に出し両手を振り上げる

足をだんだん高く上げるようにするとよい

手と手の間を見る

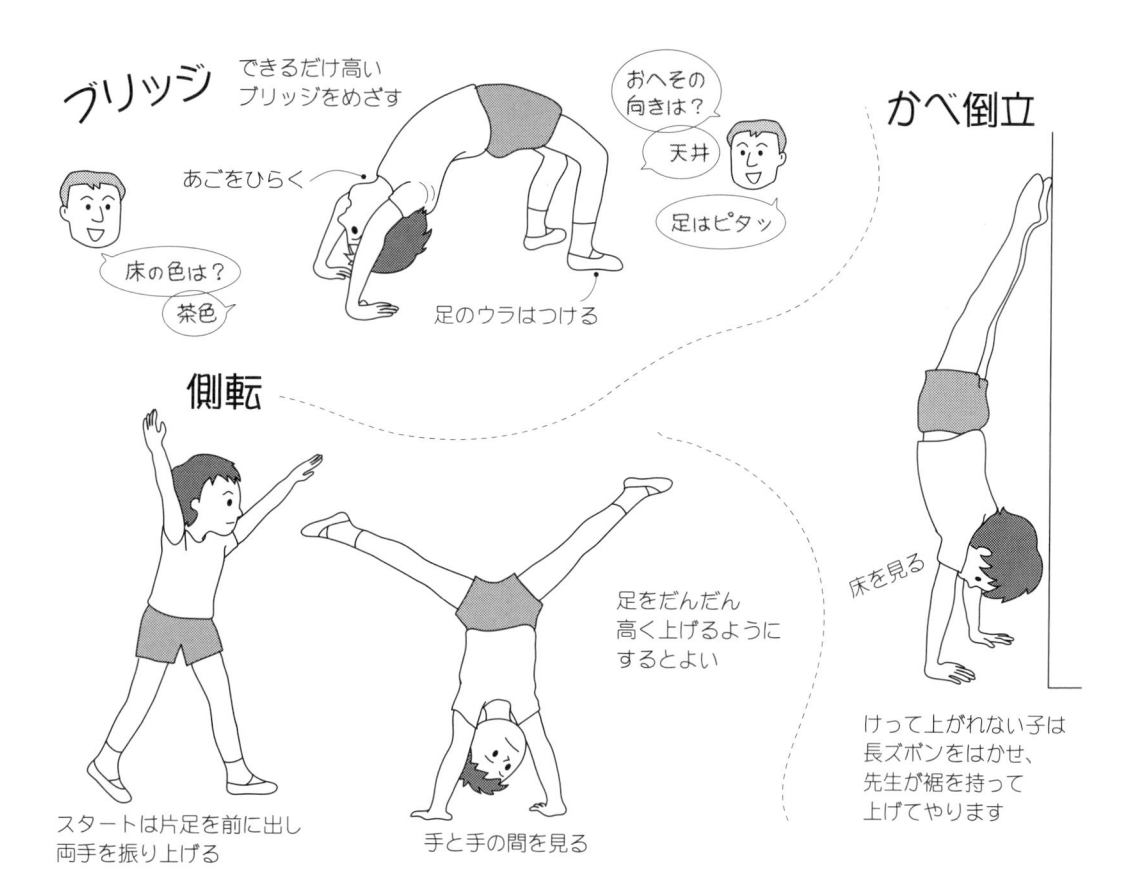

立と側転を始めていきます。

　最初は全然できなくても、2学期を目標にして少しずつ練習していくと、家で自主的に練習するようにもなり、「継続は力」を実感させることができます。この日はそのスタートです

❷　ポイントは一つずつ教える

　ブリッジのポイントは次の三つです。
①あごを開いて、しっかり床を見る。
②足の裏をぴたっと床につける。
③おなかを突き出してUの字のさかさまの形になる。

　これらを一度にではなく、一つずつやらせながら説明していきます。まず寝ブリッジをさせてから、「きれいなブリッジにするためには、あごを開いて、目は体育館の床を見ます」と説明します。このときに京都の久保斎氏が考案した言語化はとても有効です。教師が「床の色は」とリードして、子どもたちに「茶色」と答えさせます。これで意識させるわけです。

　二つ目は、足の裏をぴたっとつけることで、安定したブリッジになります。

　三つ目のおなかを突き出すときは、「おへその向きは」と教師がリードし、「天井」と子どもたちに答えさせます。

　ブリッジと並行して倒立と側転の練習も加え、三つの技を少しずつ練習していくといいでしょう。

初日の体育からマット運動を

5・6年生　3日目　117

3日目の5時間目

図画工作 浮世絵模写

★時間配分の目安★
5分　見本を配る
40分　サインペンで模写する

(1) 教室掲示を考えて

どこの学校でも4月の末には最初の授業参観があります。教室に飾る子どもたちの作品を仕上げて、参観にこられた保護者に子どもたちの成長を見てもらいましょう。

学年はじめは、ほかにもいろいろとやらなければならないことが多いので、放課後に子どもたちを残してじっくりと作品を仕上げるという時間が取れないのが現状です。

そこで、図工の時間を使い、**あまり時間をかけずにどの子も見栄えのする作品**に仕上がるような題材を用意したいものです。年度はじめはまだ時間割が決まっておらず、つい図工を後回しにしてしまいがち。間際になってあわてないよう、学年で相談して早めにスタートすることをおすすめします。

(2) おすすめは名画の模写

サインペン1本でできる「名画の模写」は、高学年におすすめです。なかでも浮世絵は線で写しやすく、でき上がりが水墨画のようで惚れ惚れします。完成までに2時間ほどかかります。その1時間目とします。

❶ 準備＝手本をつくる

まずパソコンや画集などで、教師が気に入った浮世絵を10種類ほど選んでおきます。それを、拡大コピーして八つ切りの画用紙大にし、黒板に貼って、子どもたちに好きなものを選ばせます。

見本の希望人数がわかれば、人数分をコピーして、一人ひとりの手本をつくります。朝の会や帰りの会を使って、本時までに希望をとり、ここまで準備しておきます。

❷ サインペンで描く

手本を見ながら、白画用紙にサインペンで描いていきます。

どこから描き始めていいのか迷っている子もいますが、ちょっとアドバイスしてあげるとだんだん描くことに熱中しだします。「ここがうまい！」「そっくりだねえ」「感じが出ているよ～」と、ほめてほめて、ほめまくります。

子どもたちはとても集中します。シーンとした中で一生懸命描いています。私の学級では教室の後ろの席の子が筆箱をガチャンと落としたとき、みんながとび上がってびっくりするほど静かでした。

❸ 掲示に便利な名札クリップ

作品が完成したらいったん集めて、掲示できるように準備をします。名札クリップがあると便利です。

名札クリップというのは、プラスチックでできた名札で、画用紙に挟めるようにできています。これがあると、1年間いろいろな作品に使うことができます。そのたびに名前のカードをつくったり作品に張らせたりする手間が省けます。

作品に名札クリップをつけるのは、子どもたちが帰った放課後にすると、集中できます。

まず作品を子どもの机の上に配ります。そのあと、名前クリップを作品の上に載せていきます。全員分配れたら、順番にクリップを作品に挟んでいきます。お手伝いしてくれる子がいれば、やってもらってもいいですね。

こんな見本を用意しておく（八ツ切り画用紙）

水墨画みたいでステキね

さすが6年生ね！

年度はじめの早い時期に図工に取り組もう

3日目の6時間目

学級活動 言葉の授業

★時間配分の目安★
15分　名前コール
20分　言葉の授業
10分　感想を書かせる

(1) 名前コールで心をほぐす

1日の最後の時間や、ちょっと時間に余裕ができたときに「名前コール」をします。ずっと勉強が続いたあとのほっとできる時間になり、楽しそうにしてくれます。

「名前コール」というのは、AさんBさんの2人組をつくり、Aさんが名前を呼ばれたらBさんが「ハーイ」と答えます。そして、Aさんがまた誰かの名前を呼びます。それを拍手でリズムを取りながら続けていくゲームです。

まず全員起立です。

セーノ、パンパン、教師「Aさん」、パンパン、B「ハーイ」、パンパン、A「Cさん」、パンパン、D「ハーイ」……、というぐあいです。

自分の名前を呼ばれたときにまちがえて「ハーイ」と答えてしまったり、となりの子が呼ばれたときに答えられなかったりしたら負けです。

出だしの名前コールは担任がするといいでしょう。少し練習してから、いよいよ本番です。まちがえたらその組は座ります。最後まで勝ち残っていた組が優勝です。出だしはいつも教師がします。なぜなら、まだ呼ばれていない子どもの名前を呼ぶなどの配慮が必要だからです。

ノリノリの男の子や冷静な女の子など、この子にこんな一面があったのかと、新たな発見もあります。組替えしたクラスなら、友だちの名前を覚えるのにも役立つことでしょう。その時間は、みんな笑顔になって教師も楽しめます。

①スタートに担任が名前コールをするとき、それまであまり呼ばれていない子どもの名前を言うようにします。
②ゲームが進むうちにコールが早くなっているので、担任はゆっくりめにコールします。

(2) 子どもたちのつながりを深める

名前コールで子どもたちの緊張がほぐれ、気分が明るくなってきたところで、言葉の授業をします。新潟の赤坂真二氏の実践をヒントに、学年はじめの3日目

の6時間目の学級活動でした。

「このクラスでは、これから1年間友だちを尊重し合って過ごしたいと思います。そこで言葉づかいについて考えてほしいと思います。まず友だちに言われてうれしい言葉をみんなでさがしましょう」と呼びかけます。

用紙を配って書かせます。いくつでもかまいません。書けたら、となり同士で交換して、お互いに言い合うのです。

なかなか思いつかないようなら「たとえばね…、おうちの人にこんなこといわれたらきっとうれしいと思うので、ちょっと目をつぶって聞いてね。言うよ、お小遣い上げてあげる」

教室がどっとわくでしょう。このようにして言ってもらってうれしいことばを、少しイメージしていきます。

私のクラスでは、友だちに言ってほしい言葉には、ありがとう、おまえすごいな天才やで、だいじょうぶ?、一緒にあそぼ、なかよくしよな、きょう遊べる?…、などがありました。

教師は「こんな言葉が教室にあふれるといいね。その反対の言葉は言われたらいやな言葉だから、みんなでなくしていこう」と言って、授業を締めます。

最後に感想を書かせて、この時間はおわりです。

♥子どもたちの感想♡

- 友だちに「ありがとう」とか「だいじょうぶ?」とか言われるとやっぱりうれしいです。(○○)
- だいじょうぶ?って言われたら気持ちが「ホッ」としました。(△△)
- 自分で言ってもなんともないのに、相手に言ってもらったらとってもうれしかった。(◇◇)
- これがすべて本当だったらすごくうれしい。うそでも、うれしかった。(＊＊)

3日間のまとめで友だちとの関係を築く

5・6年生 3日目

都道府県名の暗唱カード　名前

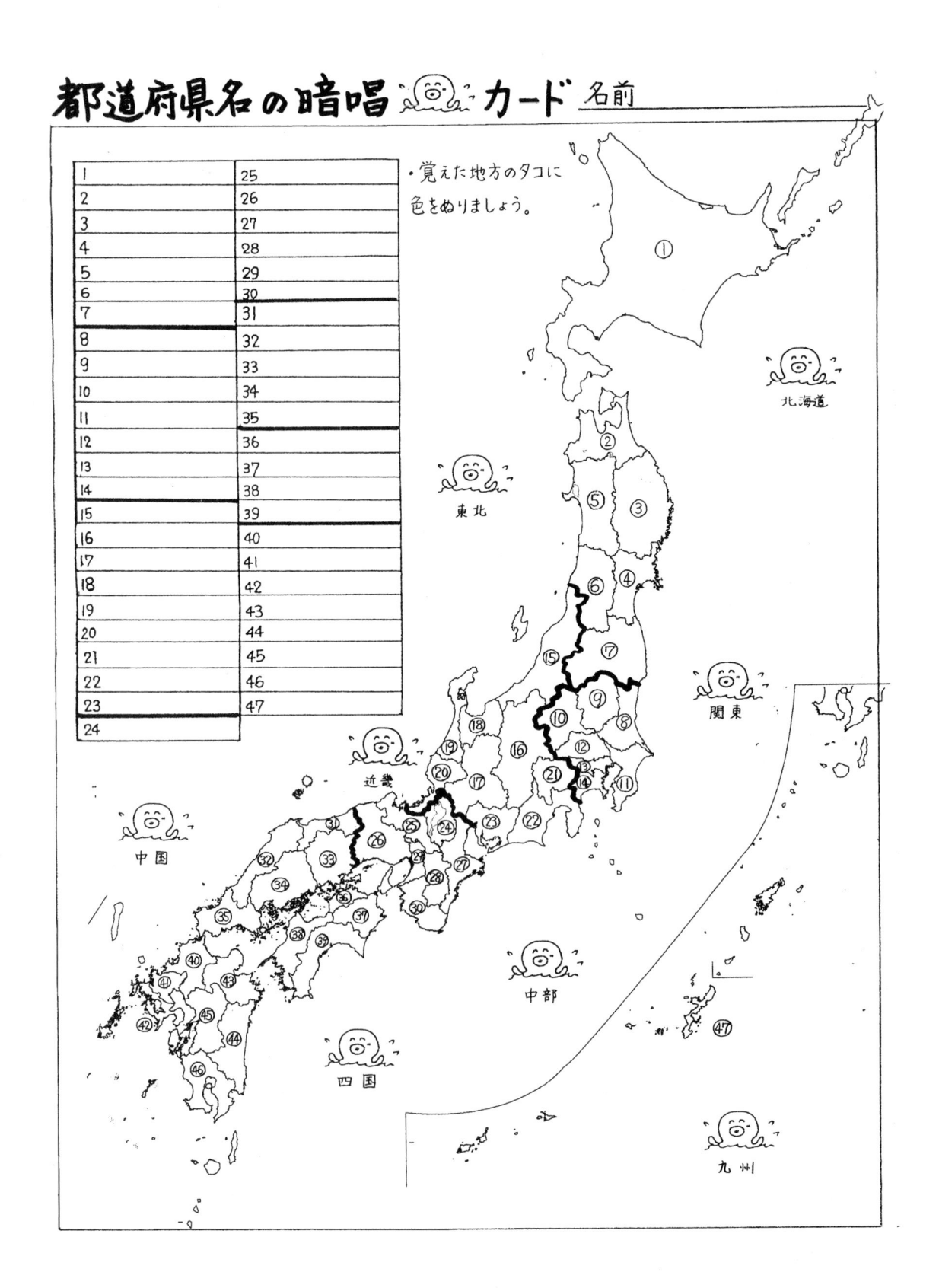

1		25	
2		26	
3		27	
4		28	
5		29	
6		30	
7		31	
8		32	
9		33	
10		34	
11		35	
12		36	
13		37	
14		38	
15		39	
16		40	
17		41	
18		42	
19		43	
20		44	
21		45	
22		46	
23		47	
24			

・覚えた地方のタコに色をぬりましょう。

北海道
東北
関東
近畿
中国
中部
四国
九州

（141％、Ｂ４に拡大して使ってください）

「先生のクラスこの頃どう？」
「まあ、なんとか…」

学年はじめから1か月…
困りごと解決!!
Q&A

⓪ 学年の先輩教師に「この頃クラスどう？」と聞かれたら？

①先輩は気づいている

学年の先輩に「この頃先生のクラスどう？」と聞かれたら、あなたはどう答えますか？

すごくきちんとしているわけではないけど、とくに問題はないけどなあ、…そう思って「大丈夫です」「まあ、なんとか」という返事をしていませんか？

これはＮＧです。なぜでしょう？

それは、その先生があなたのクラスの様子に少し問題があると思っているからです。たとえば、あなたのいない朝学習の時間にクラスが騒がしかったり、掃除の時間に分担の子どもたちが掃除をしないで遊んでいたり、廊下でボール投げをしていたりする場面を目撃したことがあったのかもしれません。

そういった場面を一度ならず目にして、「クラスはどう？」と聞いてみようかと思ったにちがいありません。つまり、何か心当たりがあるのです。

②先輩にアドバイスをもらえる！ ラッキーと考えよう

そのとき「まあ、なんとか」などと返事をすると、「大丈夫なんだ…。またの機会に伝えよう」と思って話してくれません。

だから、「うちのクラスのことで何かご存知のことがあるのですか？ 教えてくださいませんか」と聞きましょう。そうすると、「いやあ、たいしたことはないかもしれないけど、私があなたのクラスの前を通ったとき、子どもたちが…」と話してくれるでしょう。そして、先輩に指導を仰げばいいのです。

1 進度が遅れてしまいます。

学習の進度がよく遅れ、余裕がなくてバタバタしています。

①まず早急にできる裏ワザ

社会や理科などでは、これからの学習内容をまとめ、大事な言葉を□にするなどしてプリントにします。それを使って授業すると、2時間分を1時間ですませることができます。

国語は新出漢字を必ず教え、テストで出すところを中心に授業を組み立てます。算数では、教科書の問題はすべてやります。ただ、解き方を子どもに考えさせる所などは思い切ってカットし、やり方を教えます。計算ドリルや問題集も答えを見ながらさせるなどの工夫をします。

②根本的にすべきこと

単元の最後を時間不足ですっとばすようでは、確かな学力はつきません。
・何月の何日までにはこの単元を終える、という計画を学期始めにおおまかに立て、つまずきそうな部分は時間をかける計画にします。6月・11月・2月初めに再チェックして計画を見直します。
・毎日、授業はここまでいく、と計画を立て、そのように努めます。わからない子がいても、先に進みながらフォローしていきます。

2 保護者からの苦情が集中します。

放課後電話が鳴ると「また自分のクラスかな?」と不安になることがあります。

①先手必勝です

子どもがけがをして帰るときや、体調を崩したときなどは必ず先に連絡をします。連絡帳に書いておいたうえで、電話を入れる方がいいこともあります。けがをしたときは、
・どんな状況でけがをしたか、
・そのときどんな処置をしたか、
・その後の経過はどうだったか、
を伝えます。

②誠実にていねいに

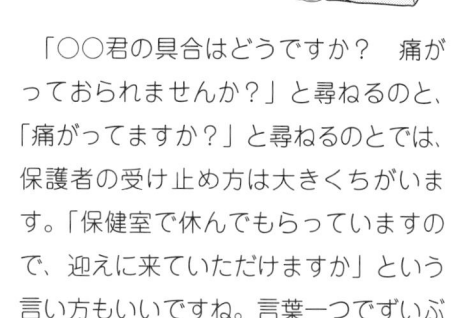

「○○君の具合はどうですか? 痛がっておられませんか?」と尋ねるのと、「痛がってますか?」と尋ねるのとでは、保護者の受け止め方は大きくちがいます。「保健室で休んでもらっていますので、迎えに来ていただけますか」という言い方もいいですね。言葉一つでずいぶん受け止め方も変わってきます。

③ 自分でできないこともある

いろいろと苦情を言われたときに、理不尽だと感じたら、「私だけでは判断できないので、学年の先生と相談してお返事します」と言うことも大事です。若い先生だから言いやすいと思う保護者も中にはいます。

3 始業チャイムが鳴っても戻ってきません。

子どもたちがなかなか教室に戻ってこず、授業の始まりがおそくなります。

①次の用意をして遊びに行かせる

遊ぶことに夢中で、ついもう少しとダラダラしているのかもしれません。それを許していると、どんどん帰ってくるのが遅くなるでしょう。

まずは、前の時間の終わりに次の学習の用意をさせておきましょう。

②「3分間ルール」で授業を始めます

運動場のどんなに遠くにいても3分もあれば帰ってこれるはずです。

大きな音が鳴るキッチンタイマーを用意しておき、チャイムが鳴るとすぐに、3分に合わせてスタートボタンを押します。そしてどんなに遅くともタイマーが鳴れば授業を始めます。そろっていなくとも待ちません。

タイマーが鳴るまでの間に、集めたノートを配っておくなり、教科書ノートの準備ができているかチェックしておけば、時間が有効に使えます。

時間が来たら授業が始まっているという状況をつくっておくと、子どもたちは走って帰ってきます。

3分までにそろっていれば、もちろん授業を始めましょう。

4 物かくしがあります。

上ぐつが片方どこかへいってしまう、筆箱が行方不明になるなど、どうも物かくしを何度かされている子どもがいるようです。

① すぐにクラス全員で、必死に探す

物かくしがあったときは、すぐにクラス全員で探します。後回しにしてはいけません。そのことがどんなにたいへんなことなのかを子どもたちにわからせるためにも、授業時間を削っても探します。

探す前に子どもたちには、たいへん残念なことだし、先生はとても悲しいということを子どもたちに伝えます。

②見つかったときには

全員で必死で探せば、意外なところで見つかることがあります。ほかの子どものロッカー、ごみ箱の下、ほかのクラスの靴箱など…。見つけてくれた子どもにどういう状況で見つかったかを尋ね、持ち主の保護者にそれを伝えます。

③見つからなかったら

全員で探しても見つからなかったら、そのときは保護者に事実を伝えてお詫びしなければなりません。どんなふうに探したのか、当事者の子どもの様子はどうだったのかを話します。今後の対策も考えて話すことができれば、保護者も心じょうぶです。

5 授業中に、子どもが突然立って教室をうろうろ…。

一部の子どもが授業中、勝手に立ち歩いています。注意したら座りますが…。

①ルールの確認を

立ち歩きを放置すると学級が乱れてきます。授業中のルールをみんなで確認することから始めましょう。
- 授業中、席をはなれてもいいのは、
  - 先生にまるつけをしてもらうとき
  - 教え合いでほかの人に教えにいくとき
  - 先生に、「席を立ってもいい」と言われたとき
- 鉛筆は休み時間に削る。
- 学用品を忘れたら申し出て先生に借りる。勝手にほかの人に借りに行かない。
- どうしてもトイレに行きたくなったら、先生に申し出る(許可する)。でも、トイレには休み時間に行くルールであることを確認する。

このようなことをきちんとルールにすれば、子どもたち同士も注意し合ってくれます。

②個別指導

それでも守れない子があれば、個別に指導します。立ち歩くのはなぜなのか、その理由をつかんで解決するようにします。特別支援教育の観点からのアプローチが必要なら、担当の先生や同学年の先生、校長先生・教頭先生に相談しましょう。

6 クラスがざわついて、春の静かさがうそのよう…。

最近ざわついて、「静かにしなさい!」と大きい声で注意すると静かになるのですが、またすぐに騒がしくなり、また大きな声で注意することになります。

①最初は仮の姿だったのだ!と知るべし

新学期の3日間、子どもたちは比較的静かに授業を聞いています。学年が上がり、新しい学級で「頑張ろう」という思いが強いことと、教師の出方を探っているからです。どんなことで注意をされるのか、どこまで大丈夫なのかと探りを入れてきます。

極端に言えば、新学期には何もしなくても子どもたちは静かにしているのです。それをこのクラスは静かに学習するクラスなんだと勘違いをすると、しばらくしてざわつき始めます。

②不規則発言を認めていませんか

子どもが騒がしくなる原因を教師自身がつくっていることがあります。

クラスのみんなが口を閉じる前に、教師が話し始める。子どもの不規則発言(手を挙げて指名されてから発言するというルールを破った発言)や「先生、きょう体育何するの?」などといった授業に関係のない話に教師が答える。そんなことをしていないか、あなた自身もふり返ってみてください。

7 叱ってばかりいます。

この頃子どもの悪いところばかりが気になって叱ってばかりで、自分自身消耗しています。

①きちんとしているのに

きちんとさせようと思うあまり細かいことにも口出ししていると、教師の思いとは逆に、いつの間にか子どもたちが言うことをきかなくなっていたりするものです。なぜなら、きちんとできている子まで叱られているような気持ちになるからです。

②少しでもよければ、ほめる

そんなときは、見方をガラッと変えて、気になるマイナスの面と反対のプラスの言葉かけをするのです。

たとえば、姿勢の悪い子がいたとして、でも、ほとんどの子がきちんとできているなら、「姿勢がすごくいいねえ、エライ！」とほめるのです。すると不思議なことに姿勢の悪い子もすっと背筋を伸ばして、いい姿勢になるものです。

この方法はいろんな場面で使えます。「今、先生の目を見て話を聞いている人はとても立派だね」「体操すわりができている人、すごいなあ」など、ほめられて悪い気にはなりません。先生も気持ちがいいはずです。

ほめられる子を増やして、気になる行動をなくしていきましょう。

8 忘れ物が多くて…、なんとか減らしたい！

忘れ物をなくすために家まで行って一緒に時間割を合わせたりはできません。学校でできることを考えてみましょう。

①必需品は連絡帳

宿題や持ち物を忘れないための必需品は「連絡帳」です。連絡帳を見ながら明日の用意をすることを何度でも繰り返して話しましょう。

そのうえで連絡帳にちょっとした工夫をします。それは、忘れ物をしたときにそれを連絡帳に赤で書かせることです。宿題なら「計算プリント」とか「本読み」、持ち物なら「国語の教科書」などのように書かせます。

②遊びごころでその気にさせる

そして、忘れ物がなかった日は、やはり赤で「忘れ物ナシ」と書かせて、果物のナシの絵も付け加えさせます。お皿の上に乗っている絵もいいですね。ちょっとしたお遊び。でもこういうことが子どもたちはとても好きです。

次の日も忘れ物がなければ、ナシの絵の下に小さく数字の2を書きこむようにさせます。2日続けて忘れ物がないという意味です。「次の日も忘れなかったらどんどん増えていくよ」と言ってあげれば、頑張るぞという気になってくれることでしょう。一度試してみてください。

9 集合時間に遅れてしまう

　一斉下校の時間に遅れる、学年や全校で集まるときに遅くなる、職員会議の開始時刻に間に合わない、そんなことはありませんか？

①やり方を変えてみる

　時間に遅れないようにするには、まず、「5分前行動」を心がけることです。そして、5分前に間に合うためには、たとえば、いつも帰りの時間に書いていた連絡帳を給食後に書かせる、終わりの会を省くなど、いつもとちがう時間の短縮方法をとります。

②一番ダメなのはいつも遅れること

　経験が浅いのですから、段取りが少々悪いのは仕方ありません。しかし、一番気をつけなければならないのは、「いつも」遅いことです。いつも時間に遅れると「あの先生は時間にルーズだ」と評価されてしまいます。

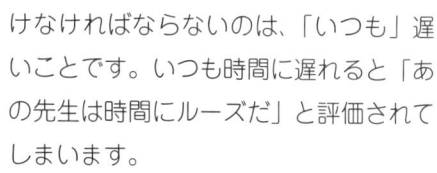

　逆にいつも時間を守っていると「あの人が遅れるのはめずらしい。何かやむをえない事情があるのだろう」と思ってくれます。大きな違いですね。

　いつも早くできるわけにはいきませんが、ときには思い切って早めに準備してしまいしょう。少なくとも、「ときには早いときもあるのだなあ」と思ってもらうと、まわりの人の見る目もちがってきます。

🔟 まるつけに追われてしまう

プリントやノートがたまってしまいます。短時間ですごいスピードでまるつけをされている先生もいるのに、…取り残されているようです。どうしたら速くなるのでしょう。

①子どもたちに答え合わせをさせる

自分で点検するものを減らしていくことも大切です。すべてを自分でまるつけしようと考えるのではなく、子どもにとなり同士でまるつけをさせたり、グループで交換したりして、答え合わせの技術を磨いてやるのも大事なことです。

②自分で解いてみる

まるつけするプリントやドリルを一度自分で解いてみると、ポイントがわかってきます。そうするとスピードが格段に上がります。子どもがまちがえそうなところがわかってくるし、答えも覚えられるからです。

まちがえそうな問題にポイントを絞りまるつけをしていくと、速くできます。

③訓練で速くなるもの

ベテランの教師も最初はゆっくりだったのです。人間はいくつになっても成長するもの。毎日まるつけをしていくうちに、だんだん速くなっていきます。ため息をついていずに、学校の中でもまるつけの速い先生にコツをたずねて伝授してもらうのが一番の早道です。

⓫ 子どもが教師の椅子に座っていた

子どもが担任の机の辺りに寄ってきて、いすに座ったりする、たいしたことはないと思っていませんか？

①これは黄信号！

子どもが先生の椅子に勝手に座る、黒板に落書きしている、ロッカーの上に乗っているなどの行動は、担任の言うことを聞かない子どもが現れたという黄信号。放っておいてはいけません。

②「先生コーナー」の設置

教室の担任の机より後ろは、先生コーナーと決め、子どもの立ち入りを禁止します。ここには、子どもの個人情報もあり、子どもが勝手に行き来しては困る場所です。

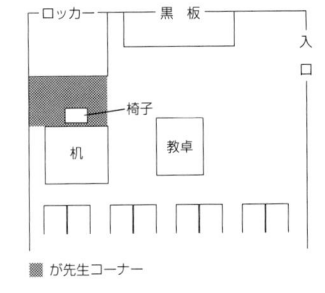

先生の椅子は先生しか座れない、先生の机の引き出しはさわってはいけない、こうしたことをルールとして確認しましょう。

■が先生コーナー

③子どもが使う物の置き場は別に

音読カードなどの置き場、ノートを忘れたら使う紙や係活動で使うペンなどの置き場は、必ず先生コーナーとは別のところに設置します。そこがあいまいだと先生コーナーに子どもが出入りする癖がついてしまいます。

けい算 1年生
実態調査

___月 ___日　[___点]
___年　組　(　　　　　　　)

★次の計算をしましょう。（1つ10点）

① 5＋2＝

② 6＋7＝

③ 9＋5＝

④ 4＋0＝

⑤ 9－3＝

⑥ 10－6＝

⑦ 17－8＝

⑧ 2＋3＋4＝

⑨ 6＋3－5＝

⑩ 12－7＋3＝

計算 2年生
実態調査

_____年___組（　　　　　）　月　日　点

★次の計算をしましょう。（1つ10点・計70点）

① 53+6＝

② 78+7＝

③ 　22
　＋59

④ 　103
　－ 84

⑤ 7×8＝

⑥ 6×9＝

⑦ 8×6＝

★次の計算を筆算でしましょう。（1つ10点・計30点）

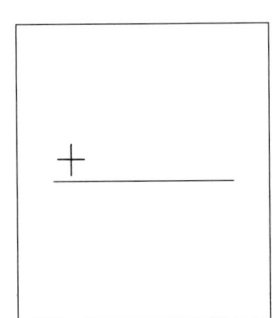

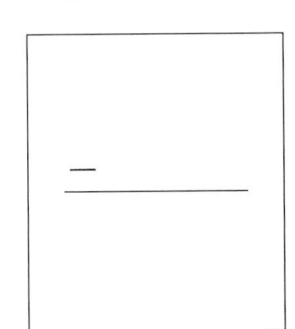

⑧ 53+78

⑨ 125－49

⑩ 105－66

計 算
実態調査

3年生

_____月_____日 [___点]
_____年___組（　　　　　）

★次の計算をしましょう。（1つ10点）

① 　576
　＋287

② 　1000
　－　358

③ 25×4＝

④ 34×100＝

⑤ 28÷7＝

⑥ 34÷8＝　　　…

⑦ 60÷9＝　　　…

⑧ 140÷10＝

⑨ 　324
　×　　2

⑩ 　93
　×26

計算 4年生
実態調査

_____ 月 ___ 日 □点
_____ 年 組 (_____)

★筆算になおして計算をしましょう。（1つ10点・計20点）

① 6.8＋3

② 9－5.9

+_____

－_____

★次の計算をしましょう。（1つ10点・計80点）

③ 0.4＋0.9＝

④ 1.5－0.8＝

⑤ 30－5×2＝

⑥ （30－5）×2＝

⑦ 607÷4＝　　　…

⑧ 38)228

⑨ 44)93　（あまりも求めましょう）

□ あまり □

⑩ 35)317　（あまりも求めましょう）

□ あまり □

計算 実態調査 5年生

★商を分数で表しましょう。（10点）

① $7 \div 8 =$

★次の分数と小数の計算をしましょう。（1つ10点・計90点）

② $\dfrac{2}{9} + \dfrac{4}{9} =$

③ $1 - \dfrac{3}{7} =$

④ $0.8 \times 9 =$

⑤ $\begin{array}{r} 4.8 \\ \times\ 85 \\ \hline \end{array}$

⑥ $\begin{array}{r} 5.2 \\ \times 3.5 \\ \hline \end{array}$

⑦ $8.1 \div 3 =$

⑧ わりきれるまで計算しましょう。

$2.5 \overline{\smash{)}80}$

⑨ 商を一の位まで求め、あまりを出しましょう。

$2.4 \overline{\smash{)}36.8}$

⑩ 商は四捨五入して上から2けたの概数で表しましょう。

$4.6 \overline{\smash{)}28.9}$

漢字 実態調査 १年生

★───のところをかんじになおしましょう。

1. めぐすり
2. あめがふる
3. あしがいたい
4. ただしいこたえ
5. 大きなおと
6. こくごのがくしゅう
7. むしとり
8. ひゃく人
9. ぞうのみみ
10. 田のくさとり

11. ぼくのせん生
12. 大きなまち
13. おとこの子
14. おんなの子
15. こうもんであいさつ
16. みぎにまがる
17. あおい空
18. はやくおきる
19. いい天き
20. いぬとさんぽ

漢字 2年生 実態調査

★――のところをかん字になおしましょう。

1. 計さんをする
2. つよい体
3. たのしい生かつ
4. あたまの上
5. せんをひく
6. 道をおしえる
7. いろをぬる
8. 日よう日
9. えん足へ行く
10. かおを見る

11. ろうかをとおる
12. 白いくも
13. よるになる
14. テストが百てん
15. あかるい朝
16. しんせつな人
17. しんせつな人
18. かぜがふく
19. ふねにのる
20. でん気をつける

漢字 3年生 実態調査

★───のところを漢字に直しましょう。

1. いそいで帰る
2. 自分のやく目
3. ビルのおく上
4. かち負け
5. 球をうつ
6. 客を見おくる
7. てつ道で行く
8. 文しょうを書く
9. 作物がみのる
10. い者にかかる

11. 友達をたすける
12. しきと計算
13. 線でくぎる
14. しょう店の店先
15. のう家のおじさん
16. 大切ないのち
17. さむい冬
18. りょ行に行きたい
19. 服をきる
20. 楽しそうなようす

漢字 4年生 実態調査

★——のところを漢字に直しましょう。

1 石をつむ
2 はっ表する
3 一等しょうになった
4 全校生と
5 しるしをつける
6 ぞうのはな
7 けが人をすくう
8 右がわを通る
9 一れつになる
10 か物トラック

11 ちょ金する
12 ぎょ港の船
13 とく別な日
14 漢字のなり立ち
15 希ぼうをもつ
16 ほうたいをまく
17 こう空機
18 はたをふる
19 たん生いわい
20 幸ふくな家庭

漢字 5年生 実態調査

月 日 ／ 点
年 組（　　　）

★———のところを漢字に直しましょう。

1. 選手がたい団した
2. 人工えい星
3. 本をふく写する
4. 席をい動する
5. 弁ご士に相談
6. くわしいせっ計図
7. 準びができた
8. 所ぞくのチーム
9. 乗車けんを買う
10. 友達をしょう待する

11. 賞じょうをもらった
12. 天気はかい晴
13. 台風がせっ近
14. そう合する
15. せい力をのばす
16. きびしいひょう価
17. 自分ではん断
18. き則を守る
19. 教育せい度
20. 大きなこころざし

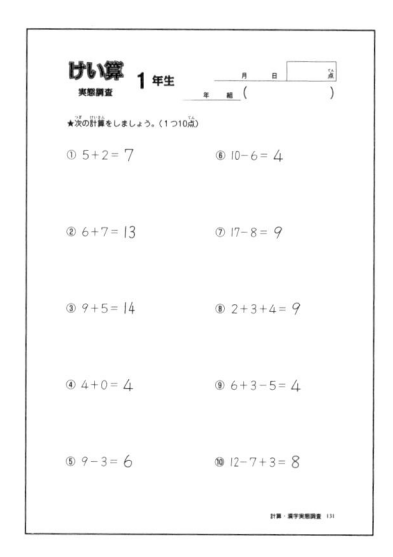

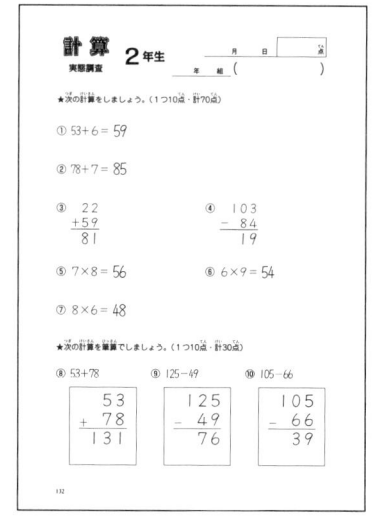

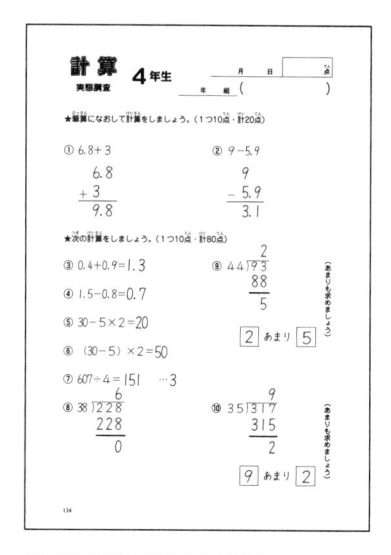

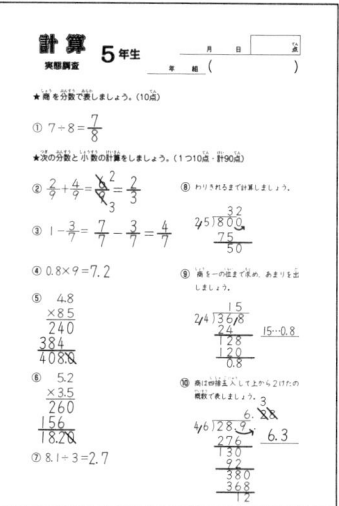

計算実態調査の答え

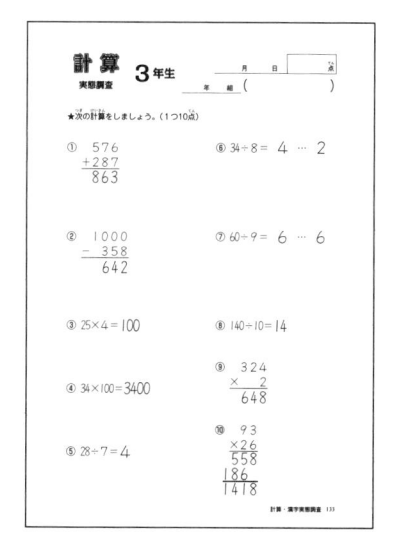

けい算 1年生

★次の計算をしましょう。(1つ10点)

① 5+2= 7
② 6+7= 13
③ 9+5= 14
④ 4+0= 4
⑤ 9-3= 6
⑥ 10-6= 4
⑦ 17-8= 9
⑧ 2+3+4= 9
⑨ 6+3-5= 4
⑩ 12-7+3= 8

計算 2年生

★次の計算をしましょう。(1つ10点・計70点)

① 53+6= 59
② 78+7= 85
③ 22+59= 81
④ 103-84= 19
⑤ 7×8= 56
⑥ 6×9= 54
⑦ 8×6= 48

★次の計算を筆算でしましょう。(1つ10点・計30点)

⑧ 53+78= 131
⑨ 125-49= 76
⑩ 105-66= 39

計算 3年生

★次の計算をしましょう。(1つ10点)

① 576+287= 863
② 1000-358= 642
③ 25×4= 100
④ 34×100= 3400
⑤ 28÷7= 4
⑥ 34÷8= 4 …2
⑦ 60÷9= 6 …6
⑧ 140÷10= 14
⑨ 324×2= 648
⑩ 93×26= 2418

(筆算: 93×26 → 558, 186, 2418)

計算 4年生

★筆算になおして計算をしましょう。(1つ10点・計20点)

① 6.8+3 = 9.8
② 9-5.9 = 3.1

★次の計算をしましょう。(1つ10点・計80点)

③ 0.4+0.9= 1.3
④ 1.5-0.8= 0.7
⑤ 30-5×2= 20
⑥ (30-5)×2= 50
⑦ 607÷4= 151 …3
⑧ 38)228 = 6 (228, 0)
⑨ 44)93 = 2 あまり 5 (88, 5) (あまりを求めましょう)
⑩ 35)317 = 9 あまり 2 (315, 2) (あまりを求めましょう)

計算 5年生

★商を分数で表しましょう。(10点)

① 7÷8= 7/8

★次の分数と小数の計算をしましょう。(1つ10点・計90点)

② 2/9 + 4/9 = 6/9 = 2/3
③ 1 - 3/7 = 7/7 - 3/7 = 4/7
④ 0.8×9= 7.2
⑤ 4.8×85 = 240, 384, 408.0
⑥ 5.2×3.5 = 260, 156, 18.20
⑦ 8.1÷3= 2.7
⑧ わりきれるまで計算しましょう。 25)800 = 32 (75, 50, 50, 0)
⑨ 商を一の位まで求め、あまりを出しましょう。 24)368 = 15…0.8 (24, 128, 120, 8)
⑩ 商は四捨五入して上から2けたのがい数で表しましょう。 46)289 = 6.3 (276, 130, 92, 380, 368, 12)

漢字実態調査の答え

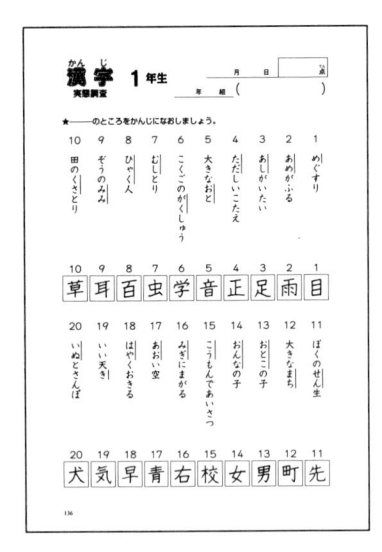

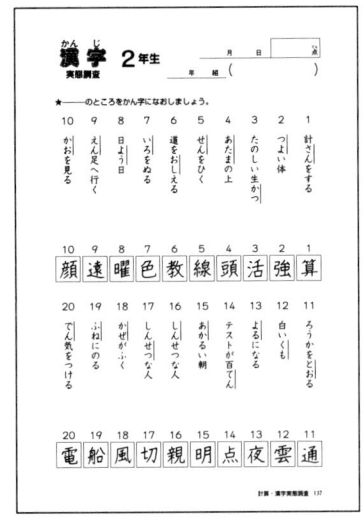

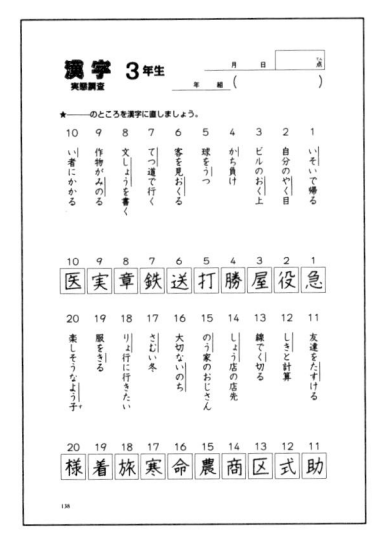

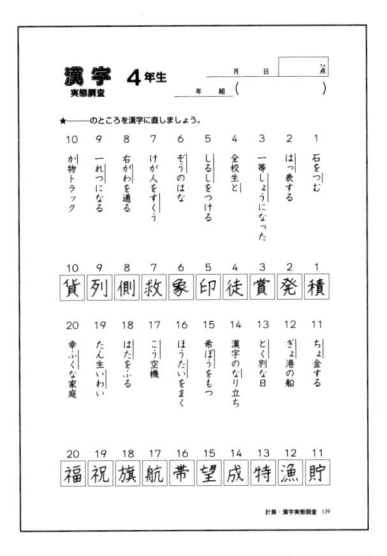

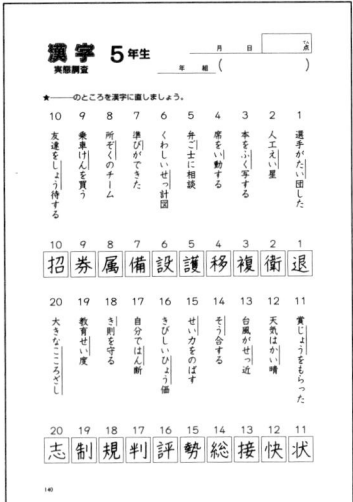

あさの学しゅう2年①　組（　　）

1 けいさんをしましょう。

① 3＋5＝
② 6＋2＝
③ 0＋4＝
④ 2＋3＝
⑤ 4＋4＝
⑥ 7＋0＝

2 けいさんをしましょう。

① 4－2＝
② 6－1＝
③ 7－0＝
④ 9－4＝
⑤ 5－3＝
⑥ 8－5＝

(141％拡大でB4に)

あさの学しゅう2年②　組（　　）

1 けいさんをしましょう。

① 9＋1＝
② 8＋4＝
③ 6＋5＝
④ 5＋8＝
⑤ 4＋7＝
⑥ 7＋9＝

2 けいさんをしましょう。

① 14－6＝
② 13－3＝
③ 16－8＝
④ 15－7＝
⑤ 10－4＝
⑥ 18－9＝

朝の学習 3年②

組（　　）

1 何時何分でしょう。

① （　　　）

② （　　　）

2 点をむすんで、三角形と四角形を1つずつ書きましょう。

3 □に、数を書きましょう。

① 10mm ＝ □ cm

② 100cm ＝ □ m

- - - - - - - - - ✂ - - - - - - - - -

朝の学習 3年①

組（　　）

1 □に、数を書きましょう。

① 7800　7900　□　8100　8200　□

② 7000　□　□　8000

2 計算をしましょう。

① 15＋5＝

② 43＋8＝

③ 36＋7＝

④ 30－4＝

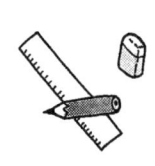

⑤ 67－9＝

⑥ 71－6＝

3 計算をしましょう。

①　　3 2
　＋　4 6
　─────

②　　5 7
　＋　2 5
　─────

③　　6 0
　－　4 5
　─────

(141%拡大でB4に)

朝の学習 4年②　　組（　　）

1 計算をしましょう。

① 42 × 3　　② 231 × 3

③ 546 × 8　　④ 807 × 9

2 下の時計を見て、問題に答えましょう。

① 2時間20分後の時こく（　　　）

② 25分前の時こく（　　　）

3 次のかさは、いくらでしょう。

① 1ℓ 1ℓ 1ℓ ＝（　　）dℓ

② 1dℓ 1dℓ 1dℓ 1dℓ
1ℓ＝（　　）dℓ

朝の学習 4年①　　組（　　）

1 次の数を、□に、書きましょう。

① 100万を8つ、1万を5つ合わせた数。

② 8307を100倍した数。

2 □に数を書きましょう。

① 3 × □ ＝ 21　　② □ × 4 ＝ 20

③ 6 × □ ＝ 48　　④ □ × 7 ＝ 56

3 計算をしましょう。

① 235 + 641　　② 474 + 189　　③ 786 + 359

④ 358 − 216　　⑤ 672 − 454　　⑥ 384 − 297

(141%拡大でB4に)

朝の学習 5年①   組(   )

1 3560041008 7について、答えましょう。

① 読み方を漢字で書きましょう。

_____

② 5は、何の位でしょう。

2 計算をしましょう。

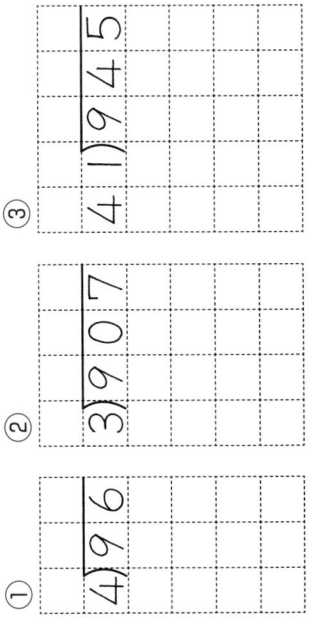

① 4)96　② 3)907　③ 4)945

3 (　)の位を四捨五入しましょう。

① 2358975（1万の位）　② 3572500（千の位）
（　　　　）　　　　　　　（　　　　）

4 計算をしましょう。

① 36÷(10−4)=　　② 4+3×2=

③ 5×2+4×3=　　④ 25+(35÷7−2)=

(141%拡大でB4に)

朝の学習 5年②   組(   )

1 ◯の中に、あてはまる数を書きましょう。

① 1を3こと、0.1を4こ集めた数。

② 1.2は、0.1を◯こ集めた数。

③ 5/7は、1/7を◯こ集めた数。

④ ├──┼──┼──┤
　　1　　　2

⑤ ├──┼──┼──┤(分数で)
　　1　　　2

2 計算をしましょう。

① 1.2+0.9=　　② 2.5+4.2=

③ 1.2−0.7=　　④ 7.4−4.8=

3 次の図をかきましょう。

① 半径2cmの円
② 二つの辺が4cmで、一つの辺が3cmの二等辺三角形

朝の学習 6年①

組（　　　）

1 次の数は、偶数ですか、奇数ですか。偶数なら「く」、奇数なら「き」と書きましょう。

① 3（　）　② 26（　）　③ 804（　）

2 □に合う数を書きましょう。

① 6.37の $\frac{1}{100}$ の位の数は □。

② 1.59は、0.01を □ 集めた数。

③ 0.824を10倍した数は □。

④ 206の $\frac{1}{100}$ は、□。

3 計算をしましょう。

① 6.3×3　　⑤ 8.4÷3

② 0.5×7　　⑥ 31.2÷24

③ 1.7×2.5　⑦ 3.2÷8

④ 0.4×3.9　⑧ 4.5÷9

朝の学習 6年②

組（　　　）

1 計算をしましょう。

① $\frac{1}{5}+\frac{3}{5}$　　③ $\frac{5}{9}-\frac{4}{9}$

② $\frac{6}{7}+\frac{1}{7}$　　④ $1-\frac{5}{8}$

2 計算をしましょう。

① 4.2×6.3　② 0.8×2.5　③ 8.7×0.5

④ 商は1の位　2.5)8.8
⑤ 商は1の位　3.8)28.5
⑥ 7.5)4.5

(141%拡大でB4に)

あさの学しゅう　二年　一年生でならったかん字

くみ（　　　　　　）

◆こえに だして よみましょう。

- 小学校の 名ふだを つける。
- 五十音ずを 立って よんだ。
- 文字は 正しく ていねいに。
- 先生に さく文を わたした。
- 人には 目も 耳も 口も ある。
- 王女だん生 花で お手うち。
- 男子も 女子も 白い ふく。
- 赤や 青の 花火が 上がる。
- 正月に 三千円もの お年玉。
- 大木の 下で ゆっくり 休む。
- 田の 土手で 草を つむ。
- 子犬が 五ひきも 生まれた。
- 村の 小川で 水あそびする。

- ほう石の 耳かざりだ。
- 山の 上に 三日月が 見える。
- 森の 中に 大きな 木が ある。
- 夕やけが 赤くて きれいだ。
- 一日中 雨も なく いい天気。
- 九月の きれいな 青い 空。
- 四本の だこ糸が 八百円も。
- 竹かごに こん虫を 入れた。
- 雨が 上がり 七いろの にじ。
- えん足は 六人で べんとう。
- みんなで 力出し 金メダル。
- 竹林の むこうは となり町。
- 左の 足で 丸い 石を けった。
- 本よみと 字の べんきょう。
- 早く 三年生に なりたいな。

- - -

✂ -

朝の学しゅう　三年　二年生までにならったかん字

組（　　　　　　）

◆声に出して読みましょう。

- 遠い海　黒雲が高い午後の夏空。
- 理科教室で何時間もした生活科。
- 寺の前で矢羽を当てて弓を引く。
- 丸顔の兄弟の楽しい声は春の歌。
- 台地の野原から牛馬と家に帰る。
- 黄色い風船に細長い四角形の紙。
- 母の一言けんかの姉妹も元通り。
- 北国の冬、家の外では電線に雪。
- 売買の社あいさつで市場の朝の会話。
- 村の古いとう刀で肉を切る。

- 夜走って毎日計算父親の万歩計。
- 里の昼岩かげに頭出す池の金魚。
- 図画工作で思いついた少年の絵。
- 今週も友だちと行った近い公園。
- 南から来た鳥が明け方に鳴いた。
- 多数の文字を同じ形に書き直す。
- 日曜の新聞もすすめる秋の読書。
- 天才に教えてもらいよく考える。
- 星の弱い光が戸の間から見える。
- 回り道して夜汽車で東京へ行く。
- 米半分麦半分食べ強い体を作る。
- 細い太い毛糸でむセーター。

- 国語で日記の書き方をならった。
- 広い谷川を用心しながらわたる。
- 日本では西の空から晴れてくる。
- 答えを知っていて百点がとれた。
- 交番の前に自どう車が止まった。
- 校門であいさつする二組の先生。
- 社内でしごとの合間に小休けい。
- 茶店のおくに音づく人形がある。

(141%拡大でB4に)

朝の学習　四年　三年生までに習った漢字

組（　　　　　）

◆声に出して読みましょう。

悪事を暗号で通知し安心です。
医薬品の箱を薬屋が受け取った。
学級委員が写真係の用意をした。
九州で進める飲酒運転追放運動。
始業式、体育館に全員整列する。
注意が柱で鼻打ち、洋服に鼻血。
野球部員、勉強も遊びも全力投球。
漢字の意味調べ、感想は楽しい。
駅前に銀行開業、路上に客が待つ。
県代表で昭和について研究発表。
両親は世界旅行が仕事の商売人。
地区祭り、港を横切る寒中水泳。

死に近い重病人助けた中央病院。
放送局電波に乗せる決勝の様子。
湖の緑地で休息する幸福な家族。
悲運でも陽気に笛をふく人気者。
水深が急に深くなり急いで岸へ。
昔の作曲練習重ね王宮で遊び。
温度を予定通りメモ帳に記す。
軽い荷物持ち二階の家具の横へ。
終わります。正面を向き起立礼。
配線し電流し、豆電球がつく。
役に立つ実のなる植物農家の畑。
主語をもちいと使った短い文章。
歯がんで消化を助け身を守る。

九秒で橋を通る速い車が着いた。
命が第一、島の鉄橋高所の工事。
上等の毛皮は羊毛の何倍もする。
美しい落ち葉ちる湯けむりの宿。
詩の問題、次は君だと指名され。
有名な昔の絵皿の由来の文庫本。
相談相手に反対され根負けし。
坂の上君の住所は一丁目一番地。
石油石炭を使う期間の冬が去る。
セミが鳴きも子供集まる暑い庭。
都会より登山がすきな童話筆者。
黒板に拾った物の名前を書いた。
落とし物、名前があり、返したよ。
他国の氷山への登山に申しこむ。
昔は、神のもとでの自由や平等。

- ✂

朝の学習　五年　四年生までに習った漢字

組（　　　　　）

◆声に出して読みましょう。

愛犬を共同訓練し輪くぐりの芸。
歴史的大水害、衣類運ぶ救助隊。
億兆の単位が変わる位置覚えた。
戦争で関所の周りを軍勢が包囲。
胃腸など消化器官は特別に健康。
試験管加熱、冷水が底から上へ。
芽を残し成長休む木の観察記録。
副食の野菜の塩味栄養に無関係。
新機種の典型的な使用例の説明。
好天候、英国航空便が北極経由で。
象の鼻、水浴び失敗で泣き笑い。
年末の商店街、景品は照明器具。

念願の功労賞受け祝辞に満足。
待望の初孫に大喜びの梅の季節。
徒競走、けっ席者に勝利の約束。
友信じ協力の結果目標を達成。
大差で完敗も反省し必死で努力。
固い岩の山脈連なる殺風景地帯。
府議員は府民に選挙で改選され。
昨日卒業式に参加し得意の合唱。
印刷機械で大量広告刷る労働者。
借家の建物は外側の材料が松だ。
大臣賞、式典司会に氏名札当然。
郡部の駅周辺に倉庫を建てる案。
漁夫の子に陸上仕事希望続出。

伝説の勇士の話を仲良く読んだ。
今世紀最低の貯水で生産調節。
浅い谷を散歩、四季折々の清流。
静かに練習、課題は筆順鏡文字。
病気が治るか不安で欠席の児童。
粉雪の末明、停戦命令喜ぶ兵士。
左側に飯置くが給食の作法。
巣に帰る鳥が飛ぶ焼けた牧場。
食堂で食器の消毒用がかかる。
消灯し駅以外で貨物列車が停車。
円の半径から面積を求める公式。
博物館で熱帯地方の録画ビデオ。
最近、漁港付近に倉庫が建った。
投票で重要な役員に選出された。
各地で特産品の生産に努力する。

（141%拡大でB4に）

朝の学習　六年　五年生までに習った漢字

組（　　　　　）

◆声に出して読みましょう。

- 国際貿易で豊富な利益確保した
- 無許可の移植手術で教授が謝罪
- 低気圧の移動を予測し気象情報
- ヨウ素液で青く反応する白い粉
- 複雑な質問に明快に答える講師
- 永久平和を提案の大統領を護衛
- 銅鉱石を精製し他の金属も採取
- 独立して基準より好条件で個人経営
- 国境の武器爆発事故の原因解明
- 校舎内の防災備品の在庫は常識
- 締織物輸入額が多額で限界状態
- 志望校夢破れただが再びょう戦

- 評判の演技に迷わず絶賛招待客
- 先祖の墓参、新幹線で往復の妻
- 険しい道復旧に効果、資金寄付
- 酸性雨河口で検査や現象調査
- 消費税率上げ反対に大勢の主婦
- 支店責任者損失増加に弁解する
- 財政が貧しく学校設立米百俵
- 桜の枝芽に肥えてきて春接近
- お断り、非行や犯罪に似た任務
- 敵さけて、群れ導く頭領の能力
- 順序よく券出す混雑の仏像見学
- 興味ある慣用句・略語内容対比

- 仮説立て、例示し、証明する恩師
- 職員で団体編成、球技は好成績
- 修学旅行、規則以上の金銭禁止
- 不潔な液体混入、飲料配布禁止
- 徳用品、価格の安さに舌をまく
- 住居減、逆に耕地預ける人が増
- 人情に厚い眼科医の退院祝賀会
- 氷が張り、余計に使用する燃料
- 伝承遊びの意義を記したタ刊
- 平均より多い貸出、初版本
- 留学生をむかえて、住居を改築
- 銅版画の構図と技能を高く評価
- 自分で判断できる豊富な知識を
- 多過ぎる情報から真実選ぶ能力
- 制止より能力生かす制度が大切。

（141%拡大でB5に）

朝の学習プリント　答え

2年①
- ① ① 8　② 8　③ 4　④ 7　⑤ 7　⑥ 3
- ② ① 5　② 5　③ 2　④ 5

2年②
- ① ① 10　② 12　③ 11　④ 8　⑤ 16　⑥ 9
- ② ① 13　② 6　⑥ 6

3年①
- ① ① 8000　8300　8400
- ② 7500　8500　9000
- ② ① 20　② 51　③ 43
- ③ ① 26　② 58　⑥ 65
- ④ ① 78　② 82　③ 15

3年②
- ① ① 9時20分　② 5時11分
- ② （答えは省略します。）
- ③ ① 1cm　② 1m

4年①
- ① ① 805万（8050000）　② 830700
- ② ① 7　② 5　③ 8　④ 8
- ③ ① 876　② 663　③ 1145
- ④ ① 142　⑤ 218　⑥ 87

4年②
- ① ① 126　② 693　③ 4368
- ② 7263
- ③ ① 6時　②3時15分
- ② ① 2ℓ5dℓ　② 10dℓ

5年①
- ① ① 三百五十六億四十一万八十七
- ② 十億（の位）
- ② ①
- ③ ① 240万　② 3577万
- ④ ① 6　② 10　③ 22

5年②
- ① ① 3.4　② 12　③ 5
- ② ① 2.3　② 5　③ $\frac{2}{5}$
- ② ① 2.1　② 6.7　③ 0.5　④ 2.6
- ③ （答えは省略します。）

6年①
- ① ① き　② ぐ　③ ぐ
- ② ① 7　② 159　③ 8.24
- ③ ① 2.06
- ④ ① 18.9　② 3.5　③ 4.25
- ④ ① 1.56　⑤ 2.8　⑥ 1.3
- ⑦ 0.4　⑧ 0.5

6年②
- ① ① $\frac{4}{5}$　② $\frac{7}{7}=1$
- ③ ① $\frac{1}{3}$　④ $\frac{3}{8}$
- ② ① 26.46　② 2.00　③ 4.35
- ④ 3…1.3　⑤ 7…1.9
- ⑥ 0.6

金井　敬之（かない・のりゆき）
泉大津市立旭小学校
『算数習熟プリント1年　中級・上級』（清風堂書店）
『モジュール学習プリント6年』（フォーラム・A）他多数

川岸　雅詩（かわぎし・まさし）
大阪市立喜連東小学校
『算数習熟プリント5年　中級・上級』（清風堂書店）
『モジュール学習プリント5年』（フォーラム・A）他多数

岸本　ひとみ（きしもと・ひとみ）
兵庫県稲美町立母里小学校
『算数習熟プリント3年　中級・上級』（清風堂書店）
『家庭学習100日プリント3年』（フォーラム・A）他多数

図書　啓展（ずしょ・ひろのぶ）
大阪市立加美北小学校
『算数習熟プリント4年　中級・上級』（清風堂書店）
『モジュール学習プリント4年』（フォーラム・A）他多数

資料協力　住田 直樹・中道 真奈美・森 文子
イラスト　田路 千枝

基礎学力をつける ワザ コツ ヒケツ
奇跡をおこす3日間 ── 学年はじめの学力づくり

2009年4月10日　初版第1刷発行

著　者　　金井　敬之
　　　　　川岸　雅詩
　　　　　岸本　ひとみ
　　　　　図書　啓展
発行者　　面屋　龍延
発行所　　フォーラム・A
〒530-0056　大阪市北区兎我野町15-13
　　TEL 06（6365）5606
　　FAX 06（6365）5607
　　振替00970-3-127184
　　http://www.foruma.co.jp/
編集担当　矢田　智子

ISBN 978-4-89428-551-4　　印刷／関西共同印刷所・製本／高廣製本

モジュール学習プリント

小学1年生〜6年生 全6冊 定価 1800円＋税
岡篤・深沢英雄・桝谷雄三・図書啓展・川岸雅詩・金井敬之＝著
朝学習、帯時間学習に最適、宿題プリントとしても使える。1ページ10分で読み・書き・計算が練習でき、基礎学力がアップします。コピーしてお使いください。

小中学校 学級担任テーマブック　パッと使えるシリーズ

重水健介 編著　　　定価 各1800円＋税

小中学校の学級づくりのさまざまな場面をテーマ別に刊行。豊富な資料と楽しいイラストで今日から使える。
既刊 学級づくり便利グッズ／こんな場面にこんな群読

学級担任 テーマブック　パッと使えるシリーズ

- 授業びらき・授業じまい
- すきま時間の遊び
- 学級文化活動
- 学級びらき
- 朝と帰りの会
- 係活動

家本芳郎 編著　　　定価 各1800円＋税

学級づくりのさまざまな場面をテーマ別に刊行。豊富な資料と楽しいイラストで今日から使える。

授業の上ネタ　すぐに使える 算数おもしろ教具

とじ込み付録：長さと角度の教具・型紙

何森 真人 編　定価 2000円＋税

授業がまちどおしくなる教具の作り方と使い方。身近な材料で効果バツグン！

| シリーズ既刊 | 授業の上ネタ 小学1〜3年／4〜6年 各 1890円　国・算・理・社・体育・総合の各教科の授業例 |

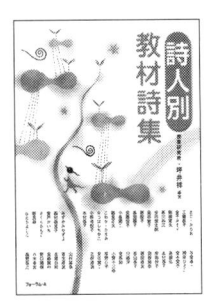

授業研究所＋坪井祥 編著　詩人別 教材詩集

子どもたちに日本語の美しさを　　　　　定価 1800円＋税

光村、東京書籍をはじめとして現行の小学校国語教科書で取り上げられている詩人、まど・みちお、谷川俊太郎から三好達治、島崎藤村まで44人の教科書掲載外の作品96篇を詩人別に掲載。音読教材に、教材研究に。